最高の「龍の使者」になるための

龍神カード

ワークブック

最高の「龍の使者」になるための 龍神カード ワークブック

龍神カードワークブックは、龍神カードを深く知るために作られています。カード一枚一枚の意味を掘り下げ、自分の感覚や直感を磨きます。そうすることによって自分の状態、自分の希望そして将来の夢さらに、過去や未来を炙《あぶ》り出します。自分を再認識することで、自分の人生の旅をさらに素敵なものにしていきます。

まずは自分自身を整理整頓して、自分自身をもっと知ってください。すると、龍神カードを「自分のもの」にして使いこなすことができるようになりますし、自分の感性や才能の新しい発見とともに感覚が研ぎ澄まされて、さらに自分に自信がついてきます。

友人や家族のためにカードを使用することを目的とされている方がもちろんいらっしゃると思います。ここでは自分自身を深く知ることによって、他の方たちのためにカードを読み解く力が増すという考え方でこのワークブックは作られています。

最後には、自分だけのオリジナル『龍神カード解説書』を作ることができます。

ワークブックをするにあたって

このワークブックは、今までの自分の経験と信念が相互作用を起こし、横糸と縦糸で生地を織り込んでいくように自分発見ができるようになっています。

ページを進めるごとに、龍神カードを深く知り、そして各カードに関する質問が用意されています。質問に答えることによって自分自身と向き合い、質問によっては疑問に思うことや、一度立ち止まってじっくりと考えてみることもあるでしょう。

自分が思ったことやカードを見て感じたことを細かく書き留めていきましょう。

このワークブックを自分の人生案内として使うというのも一つです。自分の心を掘り下げ、心の底にある信念を導き出します。思うことの一つ一つを書き進め、作業をすることで心の底に眠る夢や明るい未来に向かって歩むことができるようになります。

書くことがなかったら、書けるところだけ書いて次に進みましょう。また後で戻ってきて記入しても大丈夫です。

また、順番は不同です。気になるカードから作業をしても構いません。心を落ち着かせてから、自分がいいと思う感覚を信じてカードを選んでも大丈夫です。

ワークブックは三部構成です。第一部は「カードを知って、自分を知る」。全49枚のカードを一枚ずつ自習することによって、カードの神意を知り、さらに自分を深く知ることができます。

第二部は「カードを使って自分の夢の計画表を作る」です。カードを展開しますが、ここでは好きなカードまたは、希望するカードを自分で選びます。夢の実現のためにカードを使ってその夢を展開し「見える化」します。

第三部は「カードを使ってみる」です。実際にカードを展開して、自分の人生を再確認します。6種類のカードの引き方を提供しています。

第一部　カードを知って、自分を知る

ここでは、カードを掘り下げるワークをしていきます。一つ一つのカードには、質問が四つ用意されています。全てのカードに対して同じ質問が二つ。それぞれのカードの内容によって用意された質問が二つです。

カードの解説は、「龍神カード解説書」と同じものが記載されています。

最初の質問は、

このカードを見て何を思いますか。

一枚一枚のカードにはあなただけにしか感じられないメッセージがあります。最初にそのメッセージを感じるところから始めます。

カードをじっくりと見てみましょう。何を感じますか。じっくり見たあとに思い浮かんだことを記入しましょう。心を解放して、素直に感じることを書きましょう。

龍神カードの解説を読んだ後と読む前では、内容が違うと感じられることも多いでしょう。違いは気にせずに思うこと、心に浮かぶことを記入していきましょう。

最後の質問は、

このカードについて思うことや記録しておきたいこと。

ワークを進める間に思い浮かんだことや、書き留めておきたいことなどを記載します。疑問や思い浮かぶことなど、なんでもいいので、これはと思うことを書き込んでいきましょう。カードと関係ないことでも大丈夫です。後で見返すことで、その時の心模様を知ることができたり、カードの意味から関連する自分の思いを知ることになります。

この二つの質問は全てのカード、ページに必ずあります。基本的な自分の心模様が質問に対する回答になります。特に最初の質問は基本的な質問ですので、思ったことを記入しておくことは大事なことです。

二つの基本的な質問の他に質問がさらに二つありますが、これは龍神カードの基本的な解説に呼応しています。人によっては答えたくないような質問や思い浮かばない質問もあるかもしれません。そんなときは考えるのを止めて次に進んでください。そして、後でまた戻って来るといいでしょう。

作業を進めていくと、同じような回答になることもあるかもしれません。無理に違う回答をする必要はありません。こういうときも、一度その時思うことを記入し、後でまた戻ってみてください。そのときに違う回答を見つけることができるでしょう。

このワークブックを使って自分を探求し、さらに深く知り、日々の生活が楽しく人生がさらに豊かなものになることを祈っています。

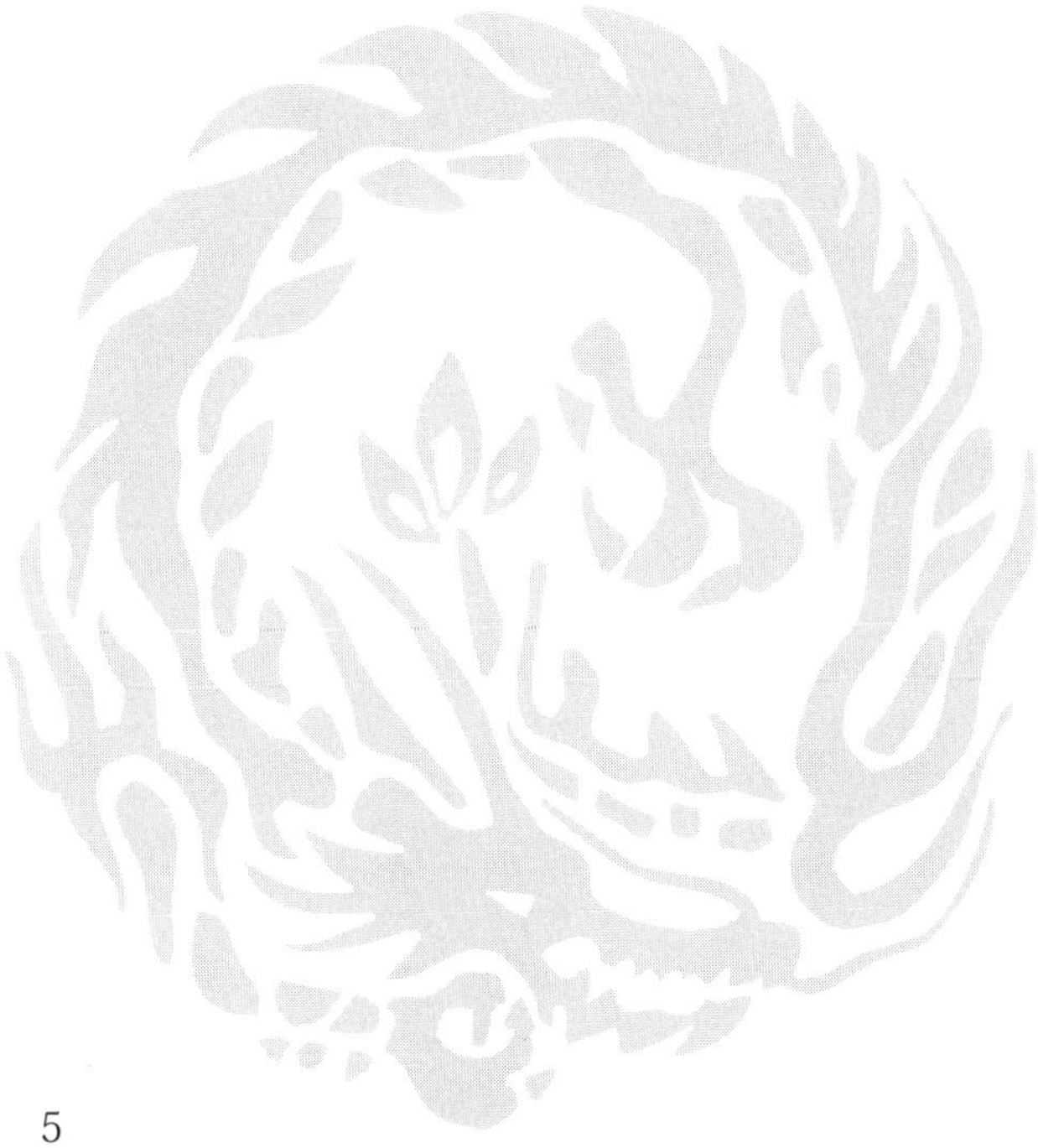

龍《りゅう》神《じん》

◆大意　宇宙

■正位置　宇宙の法則、因果の関係、輪廻《りんね》転生、運命、宿命、悟り、成功、完遂、統合

■逆位置　部分的な成功、完遂

雨が森を潤し、川に流れ海に届く。山から流れる自然の気の循環。そんな自然のサイクルの中にいくつもの神を見出すことができるのかもしれません。

その中でも、最強の力を持つとされてきたのが龍神です。嵐、雷、雪などの自然を司る力を持つといわれています。その力は、さらに宇宙の理をも統《す》べ、さまざまな運命や運気に深い関わりを持つといわれています。そのため、歴史上で登場する武将や権力者がその力を象徴するように龍神の絵、彫り物などが描かれてきました。

龍神は人智を超える大きな自然、宇宙の中で調和を保っているといわれ、それは、古くから勝利、成功、完遂、統合、そして、力を象徴するといわれてきました。

そのとき、不利に思えることも、全体を見たときやふりかえってみると吉となる。魔をはね返し、全体を見わたし、叡智《えいち》とともに物事を完遂させる統合力、そんな大きな力を持っているのです。

このカードを見て何を思いますか？

今あなたは、成功したと思えるものはありますか?

成功するために必要なものは何でしょう?

このカードについて思うことや記憶しておきたいこと。

金《きん》龍《りゅう》

◆大意　太陽

■正位置　勝利、寛容、自己を実現する、愛情、誠意

■逆位置　障害、敗北、さびしさ

金色に光る龍は、その見た目のように太陽を体現しています。太陽は地球に熱を与え、地球の生命活動に関わっている存在です。さらに、世の中を照らし、その光線は完璧なクリーンなエネルギーでもあり、明るさ、楽しさ、喜びなどの感情に置き換えることもあります。

常に公平で満遍なく世の中を照らす様子は、世界でさまざまな神に称《たた》えられてきました。日本では、天照大御神《あまてらすおおみかみ》。エジプトでは太陽神のラー。ギリシャでは太陽の光の神、アポロなど。

我々が住む星、地球は太陽を中心に回っています。その公転周期は365日。太陽が地球をひとまわりすると一年として計算され、時間を表す基本となっています。

世の中に光として影響を与えている太陽を象徴する金龍は、常に公平で寛容。そして、優しく温かいのです。加えて生命を司るエネルギーで満ち溢《あふ》れています。

このカードを見て何を思いますか？

太陽から連想すること
は何ですか？

自分自身が太陽のよう
だと思うときはどうい
うときでしょう？

このカードについて
思うことや記憶して
おきたいこと。

銀《ぎん》龍《りゅう》

◆大意　月

■正位置　幻想、月のサイクル、機会をつかむ、引力の関係

■逆位置　周期の無視、自然輪廻をないがしろにすること

銀色の龍は月を象徴しています。太陽に照らされることによって現れる月は、幻想的で夢幻的です。

太古の昔から月の満ち欠けは、さまざまな神話、伝記などで語られます。

新月、上弦の月、満月、下弦の月と地球を回りながらその姿を変え、その時、その時によって人々に大きな影響を与えています。29日の公転周期は女性にとっては月経と同じ、潮の満ち干は月の引力によるもの。地球全体が生物も含め約70%が水であるので、月が地球に与える影響は公転周期によって変遷することは証明されていることです。

太陽の光を受けて青白く光る月明かりの夜は、とても幻想的で美しい。

その月の受容性とサイクルは、銀龍そのものです。銀色の光は月夜の光であり、幻想的な世界を意味し、薄い青い光が美しく、柔らかい光で世を照らします。

このカードを見て何を思いますか？

月を見て思い浮かぶこ
とは何ですか?

自分自身が月の役割を
していると思えるとき
はどんなとき?

このカードについて
思うことや記憶して
おきたいこと。

黄《こう》龍《りゅう》

◆大意　世界、物事の中心、めでたい、君主、尊ぶ
■正位置　新しいサイクル、チャンス、報い
■逆位置　問題、不可避の事態

全ての方位の真ん中に位置するといわれる黄龍。世界の中心から、東西南北を統べるといわれ、中国ではめでたい龍とされてきました。そのため、黄色は皇帝の色といわれ、皇帝だけがこの色の龍を模した服を着ることが許されていたそうです。

中国では珍獣が現れたとき、それを記念して改元をすることがあるそうですが、実際に「黄龍」と呼ばれていた時代もあるほどです。日本でもめでたい龍とされ、天皇の下にこの黄龍が現れたという逸話が残っています。

この龍は東西南北を統べる四神の長でもあり、真ん中から指示を送っています。

突発的な事故や、何かが起こってもすぐに動くことはなく、しっかりと情勢を見つめ、的確な判断をします。

的確に状況を見るためには、渦の中心に自分を置いて状況をしっかりと見つめてみることを黄龍は体現しています。

このカードを見て何を思いますか？

自分が中心となって進めた物事や企画。または進めたい物事や企画。

自分が中心となって進めたことが成功した理由は、または失敗した理由。
自分が中心となって進めたいことを実行するには、または実行までいたらない理由。

このカードについて思うことや記憶しておきたいこと。

四《し》神《しん》青《せい》龍《りゅう》

◆大意　東

■正位置　太陽が昇る、新しいこと、春、始まり、心機一転

■逆位置　転機を逃す、太陽がなかなか昇らない

四神は東西南北を統べるといわれていますが、青龍は東を象徴しています。

東から朝日が昇ります。地平線、水平線、山の間から、建物の間から、または上から、地球のあらゆる場所で闇をゆっくりとじわじわと光で満たしていきます。

そんな太陽を見ていると喜びに溢れてくると同時に、安心感が広がり、前向きなエネルギーに満ち溢れていきます。また、新年や夏至、冬至などの起点となるその日の太陽は特別な意味があるといわれています。苦難からやっと抜け出たときによく象徴的に描かれる日の出は、いつも新しいことや希望を表しています。

青龍と呼ばれていますが、実際は真っ青の龍ではなく、緑に近い青です。青龍が日の光を背に緑の草原や森の上を飛んでいる様子は、希望と夢を運んでいるようです。

このカードを見て
何を思いますか？

何か新たに始めるとしたら何を始めますか？

それをすぐに始めることができない理由や恐怖心はありますか？

このカードについて思うことや記憶しておきたいこと。

四《し》神《しん》白《はく》龍《りゅう》

◆大意　西
■正位置　最速、純真、白、清純、真我
■逆位置　不純、不潔

四神は東西南北を統べるといわれていますが、白龍は西を象徴しています。

白龍は龍の中でも一番速く空や宇宙を飛ぶといわれており、あまりにも速いために飛んでいる姿を見ることができません。

西は太陽が沈み、最後まで明かりが残る方角です。とても神秘的で霊的な瞬間でもあります。

美しく沈みゆく夕日は人々に感動を与え、明日への勇気や力となります。陽が落ちる瞬間をどのように感じるかは、心を次へどのように繋ぐか大切なことです。そして、太陽はまた必ず昇り、そしてまた大地の向こうへ、海の向こうへ沈んでいきます。あたりまえのようなこの大自然の動きを最後に見送る白い龍。夕日が赤くみえるときは白いので、赤く染まって見えることもあるでしょう。

太陽のエネルギーは命を司ります。

白龍はもしかすると、太陽を追いかけて最速で空を飛んでいるのかもしれません。

このカードを見て
何を思いますか？

純真、清純と思えるときや、人はどういうものですか？

純真、清純であるために必要なことは？

このカードについて思うことや記憶しておきたいこと。

四神赤龍《ししんせきりゅう》

◆大意　南

■正位置　火、太陽の子、情熱、火山、新しい大地、熱弁、加熱

■逆位置　冷める、情熱の消去

四神は東西南北を統べるといわれていますが、赤龍は南を象徴しています。

赤龍は太陽から、または火山から生まれたといわれており、真っ赤な鱗《うろこ》でおおわれ、その口から灼熱《しゃくねつ》の炎を吐きだします。

灼熱の太陽に向かうには、それ以上の熱量が必要です。太陽に到達することを目標とすると、その目標が大きく困難に思えることもあるでしょう。ですが、情熱を持って働きかけ続けられることができると目標に到達することができます。

赤龍の赤は、地球の底から湧き出すマグマの色でもあります。火山が噴火したり、新しい大地が形成されるとき、赤い龍が立ち昇り、動くといわれています。その様子は大変激しく情熱的であり、一見すると、怒りを表しているようにも見えます。

何か新しいことを始めるときは、その情熱をどれほどの間保つことができるかが重要なのではないでしょうか。

このカードを見て何を思いますか？

あなたは何に情熱を感じますか？

情熱を継続するために必要なことは？

このカードについて思うことや記憶しておきたいこと。

四《し》神《しん》黒《こく》龍《りゅう》

◆大意　北

■正位置　闇、気性の荒さ、邪悪の化身、孤独、深い海、北と水においては神聖

■逆位置　障害の緩和、孤独からの脱出

四神は東西南北を統べるといわれていますが、黒龍は北を象徴しています。

この龍は海の底深くに住んでいるといわれ、光を嫌い、月が隠れている夜や新月にその姿を現します。光を嫌う邪悪な存在として描かれることも多く、海で利権をむさぼる人がいると船を襲い海中深くに引きずり込むといわれています。

この孤独な龍はしかし、北の方角に現れるときには吉報といわれ、北極星を中心に黒い鱗の龍が現れたとき、北を守護するといわれています。そして方位学的には北は金運に非常に関わりのある方位です。黒は、その色の特性からもその存在感は計り知れないのかもしれません。

北というと、常に寒いイメージがつきまといます。寒さと同時に力強さや、雪、氷などの白いイメージもあります。冬に雪に閉ざされ、雪が解け季節が春に変わるとき、人々の心を温かくし喜びを与えます。

このカードを見て何を思いますか？

孤独やさみしさを感じるときはどういうときですか?

孤独やさみしさを感じないようにするにはどうしていますか?

このカードについて思うことや記憶しておきたいこと。

雨《う》龍《りゅう》

◆大意　水
■正位置　潤い、涙、悲しみ、恵み
■逆位置　過度の雨、自然災害

雨を司る龍。

古代から人は自然に神を観てきました。そこに、計り知れない力を認めてきたからでしょう。雨が降るときもそこには神が存在し、支配するものがいると考えられてきました。

雨をどう降らせるか決めてきたのが雨龍です。

一口に雨といっても、さまざまで、霧雨、細雨、小雨、通り雨、五月雨など。辞書を引くとたくさんの種類の雨が出てきます。それほど、季節によって、まわりの状態によって降る雨の質は変わります。

雨が降って大地を潤すことによって、作物は育ち、人々の生活が成り立ちます。それは恵みの雨となります。

ですが豪雨となりその土地の許容範囲を超える雨が降ると、洪水を起こし人々の生活の基盤をなぎ倒します。

雨龍はなぜ、その雨を選んだのか。よく考えてみましょう。

このカードを見て
何を思いますか？

一番悲しかったことは何ですか?

本当に悲しいときは何をしますか?

このカードについて思うことや記憶しておきたいこと。

虹《こう》龍《りゅう》

◆大意　希望
■正位置　虹、輝き、思いが実現する
■逆位置　打ち砕かれた夢

虹色に輝く姿態の虹龍。

虹は希望、夢そして平和を象徴するなどの前向きなイメージがたくさんあります。ハワイでは、天と地を結ぶ架け橋といい、ダブルレインボーが出ると願いが叶うといわれています。ヨーロッパの物語にも、虹の元には宝箱がかくされている。だから虹が出たらその元に向かって走ろう。というものがあります。やはりそこには「夢や希望」という言葉が見えてきます。

困難が続きやっとその解決策がわかりかけてきたときや、克服できたときの状態を「光が見えた」と表現します。その光が空気中の水滴によって、屈折や反射して虹が現れるのです。七色の弧を描いた帯として現れます。

虹龍はさまざまな神の叡智があるといわれています。その叡智はあきらめずに、努力を続けることによって、人に与えられます。「夢や希望」が叶うときなのかもしれません。

このカードを見て
何を思いますか？

一番叶えたい夢は何でしょう?

他に実現したい夢や希望は何?

このカードについて思うことや記憶しておきたいこと。

飛《ひ》龍《りゅう》

◆大意　空、無
■正位置　悟り、放棄、エゴの抹殺
■逆位置　自分の本位、煩悩

龍は羽がなくても飛べますが、飛龍には羽があります。

その羽は白く美しく、その羽音には透明な響きがあるといわれています。

空を大きく羽ばたくその姿は、大空と一体となり、無への境地へ導いてくれます。「空」には何もない、中身が何もないという意味があり、それは無であり、宇宙全体を表しています。

では宇宙は何かというと、般若心経の教えでもある、「色即是空」つまり、この世のものにはすべて実態はなく、因と縁、つまり互いの関わり合いによって成り立っているということ。

人の意識のあり方によって、その存在が成り立っているということでしょう。

そうすると、人は意識の持ち方によって周りが変わってくることになります。過去の自分の思いが今の自分を作っていきます。

飛龍はその教えを伝えようとしているのです。


このカードを見て何を思いますか？

失望や、悔しいと思ったことは何ですか。また楽しく、嬉しく思うことは何ですか？

その時どのように対応しましたか？

このカードについて思うことや記憶しておきたいこと。

雷《らい》龍《りゅう》

◆大意　光、力強さ、破壊
■正位置　滅亡する、一からスタート、崩れること、真実に気づく
■逆位置　吉転する可能性、期待通りの変化

雷を落として荒れ狂う龍。怒りを雷に乗せて、怒っています。いったい何に対して怒っているのでしょうか？　怒りの原因は？　何もないのに突然怒ることはないのです。何か原因があって雷龍は雷を落とします。

人がそれぞれ生きていく上で基本とする良心はさまざまです。これでいい、自分はよいことをしていると思っていても、それが重箱の隅をつつくような目の前の出来事だけに囚《とら》われると、物事を大きく見ることができません。そんなとき、「雷を落とすことによってのみ気づくことがある」とこの龍は教えているのかもしれません。

他人に対していいと思うことを、さらに大きく見ていくと、その「いいこと」は、他人の向こうにいる人、さらには地域社会、最終的には自分にとっても「いいこと」になっていくといいですね。もう一度、私心があるかどうかを自分に問うてみてはいかがでしょうか。

このカードを見て何を思いますか？

世の中を変える力があるとしたら、何を変えますか？

どのようにして変革をしますか？

このカードについて思うことや記憶しておきたいこと。

臥《が》龍《りゅう》

◆大意　土、表舞台に立っていない大物、横になっている状態、力を発揮していない状態
■正位置　賢い助言、賢者の道案内、真我からの道案内
■逆位置　助言の無視、馬耳東風

素晴らしい才能があり、大物でもあるのですが、その才能を出し切れていない状態、表舞台に立っていない状態です。その才能を生かしながらも今はまだ参謀として裏の舞台で仕事をしているような人を臥龍と呼びます。

臥龍が草原の中にかくれているように横たわっています。すぐにでも立って実力を見せることもできますが、作戦なのか、または必要性があり、上手に草原に隠れている状態です。

権力者や組織のトップが参謀、または片腕と呼ばれる者によって支えられていることが多いのは、結局人間は一人では何もできない。さまざまな協力と、人と人が支え合うことによって、成し遂げることができるから。これを念頭に物事にあたることを示唆しています。

この龍が起き上がったときには、どのような力が発揮されるのでしょうか？　結果はいつでもその人の考え方次第です。

このカードを見て何を思いますか？

自分の素晴らしい才能、特質、性格は何でしょう？

その素晴らしさを社会でどのように生かしたいですか？

このカードについて思うことや記憶しておきたいこと。

鳴《なき》龍《りゅう》

◆大意　音、振動、波動

■正位置　伝わること、コミュニケーション、伝播する

■逆位置　うまく伝わらない、誤解

龍が鳴いています。何かを知らせようとしているのですが、それが何かはよくわかりません。悲しくて鳴いているのか、または喜びを感じて鳴いているのか、それとも危険を知らせようと鳴いているのでしょうか。

鳴くと同時に、その鳴き声の波動に何か大切なことを載せて伝えようとしています。相互理解やコミュニケーションをとることは、人と関わる上で大変重要なことです。言葉の意味を履き違えたために、必要のない紛争となったり、逆に善意のあるちょっとした一言で物事がいい形に展開したという経験は誰にもあると思います。

この鳴龍が本当は何を伝えたいのかということを考えると同時に、その真意を汲《く》み取ることに注意を向けてみると、その後の好ましい展開に繋がるかもしれません。

理由もないのに鳴くことはありません。その意味を考えてみることです。

このカードを見て何を思いますか？

他人から言われて嬉しいことは何ですか。何故そんなに嬉しいのでしょうか？

他人から言われて辛いことは何ですか。なぜ辛《つら》いのでしょう？

このカードについて思うことや記憶しておきたいこと。

昇《のぼり》龍《りゅう》

◆大意　真我
■正位置　自愛、崇高な愛、自分を知る
■逆位置　自己嫌悪、自己不信

空に向かって昇っていく龍。一瞬の間に見えなくなってしまうほどは速く、力強く空へ、天へ向かっていきます。

この昇龍は、鯉が龍に変化して空高く昇っている様子です。これは、運気が上がっているときにたとえられます。この龍は赤い玉を持っており、この玉の意味するところはその物事の要。赤は心臓を連想させます。

魂が真我に目覚めたとき、大きなエネルギーがみなぎり、そして、物事の全体を包み込むようにさらなる高みへと昇華する。その瞬間を表したものが昇龍なのかもしれません。

そこに到達するまでの道筋にはさまざまな試練があり、険しかったかもしれませんが、この困難を真正面から受け止め挑んできたからこそ得られるものでしょう。

ついつい逃げてしまいがちな目の前の問題にも、果敢に臨むことをこの昇龍は示しているのです。

このカードを見て
何を思いますか？

過去に達成した目標、
プロジェクトには何が
ありますか？

その時に体験したこと
は何でしょう？

このカードについて
思うことや記憶して
おきたいこと。

応《おう》龍《りゅう》

◆大意　力、君主のサポート、一瞬の移動
■正位置　勢いのある進展、他のサポートが吉を成す
■逆位置　出る杭は打たれる、不出来なサポート

応える龍。

君主に強大なエネルギーでサポートする龍を応龍といいます。社長や組織のトップの横で右腕となり、サポートをするような賢い人を指します。

組織のトップに応えるときには、それなりの技量と勇気や賢さ、それに加えてトップをサポートできるような判断力が求められます。逆に応えられないようではその任は務まりません。この関係は組織の中で上司と部下という形でも現れます。

夫婦関係においても、どちらかが応えるという形でサポートすることは多々あるでしょう。

この関係が円満であり、またお互いが深く信頼していると、そこから放つ和の波動が周りをプラスの方向へ動かします。もちろん、逆の場合もあります。ガッチリとタグを組んで利他の心で物事に臨むと、自ずと正しき道に導かれるものです。「応える」だけではなく、お互いを「励まし、支え合う」関係なのかもしれません。

このカードを見て
何を思いますか？

お互いに協調し信頼関係をつくるには何が必要でしょう?

自分にとって最良の協調性と信頼関係はどのようなものでしょう?

このカードについて思うことや記憶しておきたいこと。

蛟龍《こうりゅう》

◆大意　成長の段階

■正位置　成し遂げる前の段階、もうすぐ成功、完遂の一歩手前

■逆位置　完成の前に起きる邪魔、障害

もうすぐ成龍という段階の龍が蛟龍です。自分の理想を頭に置き成りたい自分をイメージし、日々それに向かって努力を続けています。しかし、成りたい自分に到達するにはその理想の人物像と同じような、またはそれ以上の器が必要です。人は自分の器以上にはなれないからです。その器を大きくするために、日々良心に基づいたたゆみない努力が必要なのです。

蛟龍はあと少し、あと一歩で成龍になるというところまで来ています。本当にあと少しなのですが、こういうときに気を抜いてしまうとちょっとのミスで今までの努力が水の泡になってしまう可能性もあります。

自分の良心は何を伝えようとしているのでしょうか？　自分に勢いがあるときは、聞こえなくなってしまうときもあります。こういうときこそ常に謙虚でいることが最後の殻をやぶることができる最善の方法です。

このカードを見て何を思いますか？

努力を続けても、達成できていないものは何ですか？

達成するためには何が必要ですか？

このカードについて思うことや記憶しておきたいこと。

地《ち》龍《りゅう》

◆大意　土台

■正位置　基礎、生きる上での指針、そして哲学

■逆位置　基礎がない、哲学がない

地龍は、大地の下深く世界中を移動しています。大地の怒りを司り、地震はその怒りを発露して起こるといわれています。

人の想念は非常に強く、その集合体は世の中を動かします。その想念の集合体は、どちらの方向に向いているのでしょうか。今一度考えてみることが大切なのかもしれません。

我々が生きていく上で、その指針や考え方の基礎はどこにあるのか、そしてどこに向かっているのか。こういったこと全てが生きていく土台となります。その土台の上にしっかりと生き方が構築されていきます。それは、ゆるぎない自分であり、感謝の心とともに良心に基づいた生き方でしょう。

地龍が動いたと思ったら、自分の今の感情に繋がる出来事や経験などを検証するといいかもしれません。そのときに、しっかりと腰を落ち着けている場合は、自分の心に「ゆるぎないもの」があるということになります。

このカードを見て何を思いますか？

座右の銘や指針、また
は基本にしていること
は何でしょう?

自分の心を豊かにする
ものは何ですか?

このカードについて
思うことや記憶して
おきたいこと。

毒《どく》龍《りゅう》

◆大意　西からの災い、邪悪、悪意の蔓延《まんえん》、恐怖

■正位置　見栄、空しさ、従属、追従、金銭や外見による偽り、執着心、欲、貪欲

■逆位置　執着心からの脱出、恐怖の克服

　この毒龍は、西の方角からはるばるやってきたといわれています。西で犯した罪をのがれて東に渡ってきた、または西を征服したのでさらに東にやってきたのではないかと推測されています。

　毒龍は邪悪なためにさまざまな災いを起こし、人々に恐れられ、逃げ出す人もいました。そのため霊力のある人に調伏され深く湖の底に沈み、龍神としてよみがえるという伝説があります。この龍は悪しき龍です。人に害を及ぼし迷惑をかける。本当は自分が恐怖を感じているので、その恐怖心を悪事に変えて他人に及ぼす。邪悪になってしまうにもそれなりの理由があるはず。その原因となっている問題を取り除くことは可能なのでしょうか。

　他人にとって邪悪と思われることも、当人にとっては善であることもあります。自分にふりかかる災いからはたくさんの学ぶチャンスを得るという意味で、毒龍は単にその役割を担っているだけなのかもしれません。

このカードを見て
何を思いますか？

自分にとって悪意または、悪い誘惑とは何でしょう?

その悪意や誘惑から何がわかりますか?

このカードについて思うことや記憶しておきたいこと。

吉《きっ》弔《ちょう》

◆大意　個性の統合

■正位置　一部を集めて全体と成す。集める、まとめることによって、吉転する

■逆位置　優柔不断、組織の不協和音

中国の広東、広西地方では龍は卵を二つ産むという伝説があります。一つの卵から龍が生まれ、もう一つからは吉弔が生まれるといわれています。

亀の身体に龍の頭。その身体は長すぎて甲羅に収まりません。その甲羅は龍の鱗が幾重にもなったものとされており、龍と亀が合成した獣。なぜ、二つが一つとなり奇怪な生き物となったのでしょう。

二つの組織が合同で何かを行おうとするときや、他人同士が結婚し一つの家庭を築くとき、それまでの習慣や常識が違い戸惑うことがあります。そんな時には一つ目標を立ててそれに向かって一緒に努力を続けていると、それまでとは違う新しい形ができてきます。吉弔は、そんなさまざまな軋轢《あつれき》を凌駕《りょうが》した姿を表しているのかもしれません。

お互いの違いや、考え方を理解しあい、さまざまな問題を乗り越え、新しい形が出来上がったときに多少デコボコな形をしていることもあっていいことを象徴しているのではないでしょうか。

このカードを見て何を思いますか？

意見がどうしても合わなくて困っていることはありますか？

意見が合わない同士が調和を取るにはどうするといいでしょう？

このカードについて思うことや記憶しておきたいこと。

斗《と》牛《ぎゅう》

◆大意　宝物

■正位置　金、宝物、珠、財産、財産欲、巻き取る

■逆位置　富が減る、金銭の流出

斗牛は金や宝物を好み、宝石で象眼された柱に巻きついているといわれています。そのため、中国の寺院の柱に巻きついたように彫られている龍のほとんどが、斗牛といわれています。宝柱に巻きついている姿は、大事な財宝をしっかりと守る姿でもあります。斗牛がいると安心感が増します。

いつの世も財宝をめぐって争いごとが起こり、財宝があるがために争いあってきました。そんな世の中の人々の心配の種を、この龍は飲み込んでいるのかもしれません。

もう一つ、斗牛は財を築くために流出を抑えているとも考えられています。どんどんと流れ出て流入がないとやがては枯れてしまい、日常の生活もままならなくなることも考えられるでしょう。

適度に財を作り、適度に散財し、適度に財を成す。生活、周りの環境全てにおいて調和を保ち、感謝の気持ちと共にあると斗牛はいつまでもそこに留まります。

このカードを見て何を思いますか？

この世には何が必要だと思いますか？

その必要なものを得るためには何をするといいでしょう？

このカードについて思うことや記憶しておきたいこと。

双《そう》龍《りゅう》

◆大意　陰陽

■正位置　恋人、パートナー、バランス、調和、正しい選択

■逆位置　アンバランス、選択の間違い

陰と陽のバランスを見事に表しているのが双龍です。この世には陽と陰があり、陽があると、その裏で陰も必ず動いているといわれています。

何かを成そうとするとき、さまざまな要素を加味しながらバランスを取り物事を進めていくことが大事です。双龍はそのバランス、調和を表しています。

何事も極端だと、障害が起きることがあります。そういうときには、目の前にある事象から離れてみること。自分の感情や、目の前の出来事に囚われず、もっと大きな枠から見てみることが大事です。

特に感情に振り回されてしまうと、見えるものも見えなくなってしまいます。もっと大きく、世の中のため、世界のため、地球のためという視点でものごとを見てみると、自ずと何をするべきかがわかってきます。

中庸という言葉がありますが、その意味をもう一度考えてみるといいのかもしれません。

このカードを見て
何を思いますか？

理想の愛の関係とはどういうものでしょう?

自分と自分の霊性の関係を育てるにはどうするといいでしょう?

このカードについて思うことや記憶しておきたいこと。

桃《もも》龍《りゅう》

◆大意　生命

■正位置　愛を与える力、母性、女性、クリエイティブ、結婚

■逆位置　停滞、孤独

桃色から何がイメージできますか？

桃色をした龍は愛に満ち溢れています。この桃龍は母性であり、女性を象徴しています。身ごもったその身体は少しふっくらとしていて、優しさに満ち溢れています。

母は自分の子どもに対し、無条件の愛をそそぎます。そして、子を守らなくてはならなくなったときの必死さや勇気は他人をも動かします。そんな強さもこの桃龍にはみることができます。

生きること、子孫を残すこと、この地球に生まれてきたことを最大限に享受すること。感謝の心を子どもに教えること。そして、生きていく上で必ず起こるさまざまな事象に対して悠然と対すること。的確な判断力や創造力はいつも真剣に生きることによって、生まれてきます。

桃龍はその優しげな外見からは想像できないような、生きることへの力強いエネルギーに満ち溢れているのです。

このカードを見て何を思いますか？

創造力や直観力をさらに身に付けるにはどうするといいでしょう?

どの部分、方面、プロジェクトまたは課題で想像力や直観力が役に立ちますか?

このカードについて思うことや記憶しておきたいこと。

八大龍王《はちだいりゅうおう》　難陀《なんだ》

◆大意　歓喜、跋難陀《ばつなんだ》の兄、兄弟で共に戦う

■正位置　将軍、組織の長、カリスマ性、リーダーシップ、強い絆

■逆位置　縁に希薄、一人芝居

善いと信ずるがために不本意ながら戦うこと、やむを得ず戦うという状況になっていくことは古くから幾度も繰り返されてきました。戦いには行くがこれは自分の利のためではないことを何度も確認し、戦場では一番の勇気をもって行動する。こういった、信念や哲学のもとで戦うと勝っても負けても悔恨を残すことなく、正々堂々と戦うことができるのではないでしょうか。

戦いのとき、将軍の任を負い軍の全ての采配がその人の肩にかかるとき、味方の動きと能力を考えながらさまざまな経験と知識を基に知恵を絞り最善をつくす。気弱になってはいけない。強さを常に自分と周囲に見せ士気を高めていく。ここには、本当の覚悟が必要なのです。

その戦いの中に己を忘れ、自我の営みが失われ、他との一体感、目的に到達していこうとする流れの中に乗る感覚がその人たちにとって最善の勝利をつかむことになるのです。

このカードを見て何を思いますか？

「戦う」という言葉から何を連想しますか？

これまで戦った結果何を得ましたか。または失ったものは？

このカードについて思うことや記憶しておきたいこと。

八大龍王《はちだいりゅうおう》　跋難陀《ばつなんだ》

◆大意　　賢喜、亜歓喜、難陀の弟

■正位置　共に戦うこと、協調する、支える、強い絆

■逆位置　絆が弱くなる、孤独

　共に戦い支えること、支えあうこと。その組織のトップがいかにその哲学を他の人たちと共有するかによって、組織全体の士気、勇気、統一感が変わってきます。組織全体が同じ考え方、同じ哲学を持ち、一個体として動くことができるか否か。トップを支える二番手、三番手がどういう位置にいるかは勝敗を分けるとき、紙一重となりうるのです。

　それぞれが自分の力と役割を認識し、適材適所であれば、組織そのものを無駄なくさらに大きな動きと成すことができます。おのおのが偏見、嫉妬、自責の念などを持つことなく、それぞれの位置にて最善を尽くすことはその組織がさらに大きな役割を担うことになる力となりえます。

　不公平は結局さらに大きな枠組みからみると、それは決してそうではないことに気づきます。

　今いる位置で最善を尽くすことは、後でその組織のみならず自分にとっても最善だったと気づくものです。

このカードを見て何を思いますか？

最善を尽くすこととはどういうことですか？

今まで「最善を尽くした」といえるものは何でしょう？

このカードについて思うことや記憶しておきたいこと。

八大龍王《はちだいりゅうおう》　娑伽羅《しゃから》

◆大意　大海、天海の王、善女龍王の親

■正位置　管理、運営、良い経営者、父親、男性的魅力

■逆位置　悪管理者、具現化しない計画

海は時に男性を表します。

大きな海のような父性は、会社や組織または家庭の柱を表しているようです。

大きく、広く、たくましく、果てしなく続く海。嵐のときに大きくうねる海。冷たい海、暖かい海。地球の70％は海であり、人の身体も70％が水分です。この地球上で人が生きていく上で必要不可欠な大いなる自然。自然は時に大きな災害を起こすこともありますが、大きな恩恵を与えます。

もし、自分が計画したものとは違う方向に進むことがあるなら、自分の内なる良心に沿った計画かどうか、私利私欲のための計画ではないことをもう一度自分自身に問いてみるといいのかもしれません。

大きな自然の力の前に、正々堂々としていられるでしょうか。自然を畏怖することは、常に自分の心との戦いであることを知るとその計画の行き先が見えるかもしれません。

このカードを見て
何を思いますか？

運営・管理をしているものはありますか？

運営・管理上の問題点、改善点はありますか？

このカードについて思うことや記憶しておきたいこと。

八大龍王《はちだいりゅうおう》　和修吉《わしゅきつ》

◆大意　九、宝有、陽、多頭

■正位置　さまざまな個性の統一、多彩な才能、百姓、少ない人で完結する、器用

■逆位置　不器用、目の前のことしか見えない

和修吉は九の頭を持つ龍です。この「九の頭」にはそれぞれ違う個性と才能があります。全く違う個性のためバラバラに動いているようですが、実は不思議な調和があるのです。

百姓とは、一人がさまざまな仕事をするから百姓といい、稲作、畑、釣り、狩、鍛《か》冶《じ》、大工など生きるために必要な全てをこなします。会社の業務に置き換えると、営業、経理、技術、IT、広報とあらゆる仕事をすることとです。人はもともと仕事を分けては考えていませんでした。何か目的があるとき、それを達成するために必要なことは何でもしたのです。百姓であることを意識して仕事をすると、無駄を省くことになります。必要と思われるものはどんどんと百姓化していくと、円滑に物事がまわってくるでしょう。

器用貧乏とよくいわれますが、器用裕福という考え方も受け入れてみると新しいアイディアが湧いてくるかもしれません。

このカードを見て何を思いますか？

自分の才能・得意なことは何でしょう？

周りの人の才能・得意なことは何でしょう？

このカードについて思うことや記憶しておきたいこと。

八大龍王《はちだいりゅうおう》　徳叉迦《とくしゃか》

◆大意　大多舌、毒視、怒りで人の命がつきる
■正位置　自己再生、新しい始まり、急変、突発
■逆位置　損失、失敗、死

怒り狂った龍。なぜ怒っているのか。その怒りの目で凝視された人は、息絶えるといわれています。大変不吉なことのように感じられます。

生きていた物、事が一度死滅すると、そこから再生が始まります。それは今までのサイクルが終わり、新しいサイクルの始まりや変化を感じるかのようです。死イコール破滅ではないことをこの龍は表しているのかもしれません。うまくいかない計画、または事を成し終えたがために一度終焉《しゅうえん》し、再度新しい事が始まる。はたまた、必要がなかったこと、成し遂げるべきではなかったことの終わりを意味することもあります。すべては終焉し、そして新たに始まるのです。

この意味の取り方は自分次第です。

さらに、暗示することは、引っ越し、転職、転勤、移動、束縛からの解放、新しい生活、望ましい変化。言い換えると未来に向かって新しい何かが始まろうとしています。

このカードを見て
何を思いますか？

失敗したと思うこと、
または虐げられている
と思うことは？

それは、何が原因で
しょう？

このカードについて
思うことや記憶して
おきたいこと。

八大龍王《はちだいりゅうおう》　阿那婆達多《あなばたった》

◆大意　清涼、無熱、徳が高い、人を潤す

■正位置　正しい判断、大局からみた結論、宇宙の法に則った結論

■逆位置　不公平、目先の利益

高い山の頂は一年のほとんどが雪に覆われています。その頂に住み、人が住む地を見下ろしているのが八大龍王の阿那婆達多。雪の中に住むこの龍は常に冷静で、山の頂から常に下方に見える人々を見ています。つまり、上から見える全てを総括して判断をくだすことができるのです。

雪は解け四方に川として流れ一年を通して、ゆっくりとじっくりと人や大地を潤します。麓には、たくさんの村や畑が広がり、その村に住む人々には見えないこともこの龍はよく見ることができ、上から見たときの最善を実行することができます。それは、一見不公平に見えることかもしれません。ですが、長い目でそして、全体を見たときにはいつも最善なのです。

なかなか全体が見えないときは、一度この頂に登ってみることも必要かもしれません。この頂に登るには、大変な困難と苦労が伴いますが、頂に立ったときには全てが見えてきます。

このカードを見て何を思いますか？

物事を決めるときの基準は何ですか？

決めた後に、後悔したことはありますか？

このカードについて思うことや記憶しておきたいこと。

八大龍王《はちだいりゅうおう》　摩那斯《まなし》

◆大意　大身体、太刀、大いなる力、高意、慈心
■正位置　忍耐、協調、調整、妥協、タイミング
■逆位置　過激、過ぎる

阿修羅が海水で城を攻めた時に、身を躍らせて海水を押し戻したといわれる摩那斯。その姿は巨大で身を躍らせるたびに人が近寄ることができないほどの波が立ち、それとともに轟音が響き渡ります。最後には大容量の海水がその動きに合わせて引いていったことでしょう。

身を挺《てい》して城を救うことに、力強い美しい愛の姿を見ることができます。その行為に対して畏怖の念も湧きあがってきます。その心も体も全てを使って攻防を図った摩那斯に対し、その相手である阿修羅は何を思うでしょうか。水が押し戻されてしまったので、結局何もできなかったのです。

愛を基にした決死の行為は、人もさらには自然をも動かす力があることのたとえなのかもしれません。

体中に立ち上る力強いオーラは、心の底から湧き上がる情熱を表します。自分の心と魂が一つになったときに大きなものが動くのです。

このカードを見て
何を思いますか？

体を張ってでも守りたいものはありますか？

なぜ守りたいと思いますか？

このカードについて思うことや記憶しておきたいこと。

八大龍王《はちだいりゅうおう》　優鉢羅《うはつら》

◆大意　麗しい眼
■正位置　純粋に見る、清廉潔白、優美
■逆位置　濁った見方、心の壁

青い蓮の咲く池に住む優鉢羅は、いつも優しい眼をしています。青く澄んだ蓮のような高貴な眼は人の心をとことん癒します。

蓮は泥から育ち、気高く咲く花。まっすぐに大きく広がり水を弾く凛《りん》とした葉の姿が、俗世の欲にまみれず清らかに生きることの象徴のように捉えられ、清らかさや聖性の象徴として古くから親しまれてきました。それは、泥に染まらない、つまり、常に自分の中の良心に従った生き方をし、しっかりとした哲学をもって歩んでいく姿と重なります。

生きていると、辛《つら》さ、悲しさ、理不尽と思うようなことに必ずといっていいほど出合います。そのとき自分の感情をどのようにして克服し平常心を保つことができるでしょうか。そして、最終的に感謝に変えることができるでしょうか。

優鉢羅は、生きていく上でどんなことが起ころうとも、気高く生きて行けるかを常に問うているような気がします。

このカードを見て
何を思いますか？

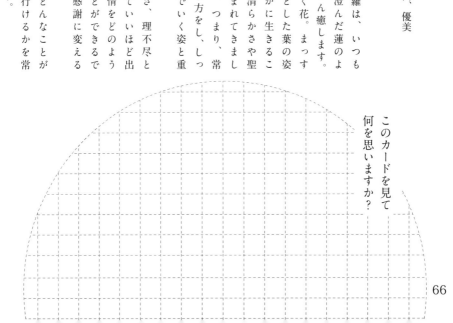

あなたの純粋さはどこにありますか?

不純だと思うところはどこですか?

このカードについて思うことや記憶しておきたいこと。

善女龍王《ぜんにょりゅうおう》

◆大意　聡明さ、清純

■正位置　清純な知恵、判断力、学識、常識、理解力、表面の裏側にある真実

■逆位置　解明できない要因

娑伽羅龍王の三番目の王女。聡明で善良そして思慮深い王女です。

この龍は美しく穏やかです。さまざまな問題や難問を広い視野で捉えることができます。その清純な判断は、俗世と少し離れたところにいるので、客観的に見ることができるのです。己の心と己の魂が見事に調和し、信心深く、純潔で、献身的。柔らかなゆったりとした女性らしい動きは、他を癒すこともできます。

その母性的な優しさが、人の奥深くに押し込まれた問題の核心を引き出すことをも可能にします。一つ、一つゆっくりと心にある壁を取り除き、人がその優しさに委ねてみると、赤ちゃんのような魂が浮き出てくるようなそんな気がします。

今まで言葉にできなかったことを心の奥底から引き出して、言葉にして話をしてみましょう。そうすることによって、その檻《おり》が消えていきます。大丈夫。心を裸にしても大丈夫です。

このカードを見て何を思いますか？

今、どのような知恵や
判断力が必要ですか？

その知恵や判断力をつ
けるために何をすると
いいと思いますか？

このカードについて
思うことや記憶して
おきたいこと。

龍《りゅう》骨《こつ》

◆大意　不老長寿や不老不死

■正位置　健康、健全、身体、身体の中の循環、みなぎる力

■逆位置　不健康、循環の悪さ

漢方薬としても知られる龍骨。鎮静作用、収斂《しゅうれん》作用があり漢方薬として使われてきた歴史は長いものがあります。

原料は絶滅したゾウの骨、つまり化石です。近い将来原料の採取ができなくなるのではないか、といわれています。

心が病むと体も病む、心が健康だと体も健康になると昔からいわれています。現在では、ストレスは身体に影響し病になることがあることが検証されています。心も体も健康でいることで、この世界の活動も十分に行うことができます。

水がなくては地球上の生物は生きていけません。水を司るのが龍といわれていることを考えると、漢方薬に龍の名前が使われているのも面白いものだと思います。

身体の中の水を健全にしておくことが、健康でいられる秘密の一つなのかもしれません。

このカードを見て
何を思いますか？

あなたは健康ですか？
不健康ですか？

健康の場合、その状態
はどういうものか検証
しましょう。
不健康の場合、あなた
の心への影響はどのよ
うなものでしょう？

このカードについて
思うことや記憶して
おきたいこと。

登龍門《とうりゅうもん》

◆大意　出世、上昇志向、困難に立ち向かう姿、不屈の精神
■正位置　更正、好機、解放、変身
■逆位置　停滞、解放されない

鯉が決死の思いで滝を登り、登りきった時に龍となり、さらに空高く飛んでいく。そんな様子をたとえて登龍門といわれてきました。鯉の時、水の中では動きに制約がありましたが、一生懸命努力し、滝を登ることができた時にその姿態を龍に変えれば動きがさらに大きく、空へ海へと力強く羽ばたくことができます。滝を登る様子は成功へ至るために乗り越えなくてはいけない関門、または、出世のための糸口であるとよくいわれます。

少し高い目標を決め、そこに到達するまでやりぬいた後には、気持ちのよい達成感が心を満たします。現実世界でできることの一つに情熱を持ってチャレンジすること。実際に動いてやってみることによって、見えてくるものが必ずあります。動くことによって必ず何か得るものがあるのです。

言ってみる。聞いてみる。やってみる。全てやってみてあきらめなかったから成功するのかもしれません。

このカードを見て
何を思いますか？

あなたは何に変化を求めますか？

変化が怖いと思うのであれば、それは何が原因でしょう？

このカードについて思うことや記憶しておきたいこと。

夜明珠《やめいじゅ》

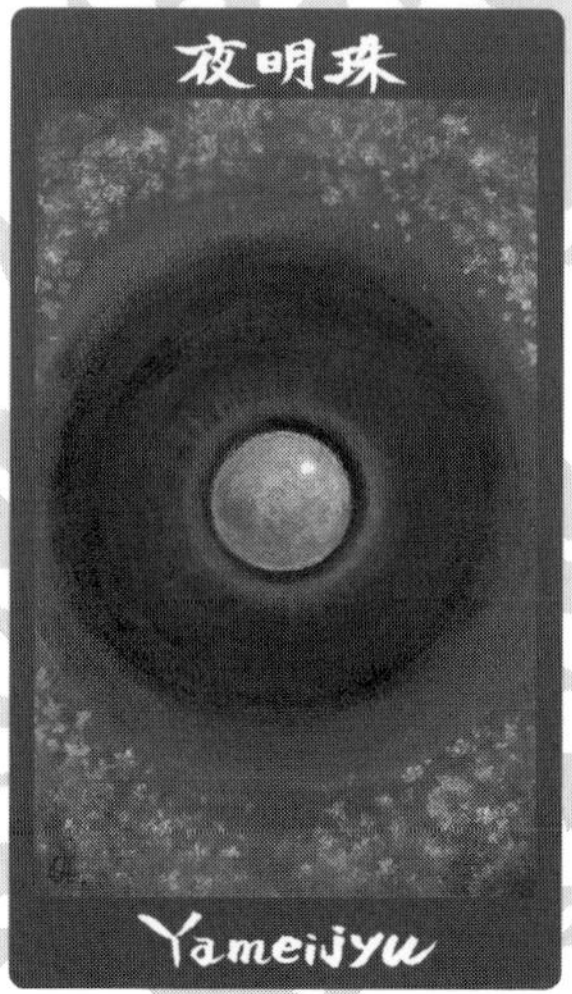

◆大意　星

■正位置　困難の中の一筋の光、闇の中のただ一つの明るさ、さまよっていた時に見つけた小さな光

■逆位置　見つけられない光、見えない明かり

暗闇の中に一筋の光。混迷の中をさまようときは周りが見えないことがあります。どうしたらこの状態から抜けることができるだろう。毎日苦しいなど。ですが、その困難を真正面から受け止め、日々努力をしていると必ず光が見えてきます。一筋の光は、気がつくと太い光となり、そして、現在の状況の原因となった理由が見えてきて解決策が思い浮かんできます。

自分の視点を動かしてみるだけで違う見方ができ、周りにたくさんのヒントを見つけだすことができるものです。実は暗闇を作っていたのは自分の心だと気づくときには、さらに周りが明るくなるかもしれません。

龍宮城に奥深く安置されているといわれる夜明珠。この珠を見つけだすには、真心を基に行動することであると、語り継がれています。そうしていると、一筋の光はすぐそこにあることに気がつきます。それがこの夜明珠です。

このカードを見て何を思いますか？

一筋の光が幸運を導くとするると何を連想しますか？

なぜ、そのように思いますか？

このカードについて思うことや記憶しておきたいこと。

宝《ほう》珠《じゅ》

◆大意　万能の力、魔法の力

■正位置　創造心、自信、野心、自立、自由

■逆位置　目標の未到達、計画の挫折

龍が片手に持っている宝珠は、奇跡を起こす力があるといわれています。雨を降らせる、嵐を起こす、雷を起こす、財宝を手に入れる、身体を健康にする、など願いを叶えてくれるのも宝珠です。

人がさまざまな文明を築いてきたのは、この宝の珠の力があったために人が思う以上のものができたのではないかという説があります。ですが、実は宝の珠は人の魂に備わっているものなのです。自分の根源である魂は清く美しく宝の珠のようです。

現世で生きていると、さまざまな苦境や迷いそして、欲などが出てきます。そういうものを超越して、純粋な綺麗な珠のような魂にしておくと、他人をそして自分を幸福にすることができます。さらには、世の中を凌駕するような発明、発見ができるかもしれません。

自分を愛し、他人を愛し、今ここに生きていることに感謝し、常に美しい魂の状態にしておくことで宝珠はさらに光り輝きます。

このカードを見て
何を思いますか？

あなたにとって魔法は
何を意味しますか？

自分の神秘性はどこに
ありますか？

このカードについて
思うことや記憶して
おきたいこと。

龍《りゅう》脈《みゃく》

◆大意　気の流れ
■正位置　気、良い気の流れ、良い波動、流れ
■逆位置　流れの障害、滞り

地上または地下に流れる良質なエネルギーを龍脈といいます。山や川、美しい湖や湧き水のあるところに、大自然の気の流れ、エネルギーがあります。そのエネルギーが流れているところや、エネルギーが噴き出す龍穴に住むとそこは安泰といわれてきました。

この龍脈の流れを乱すのは、残念ながら人間の経済活動であることが往々にしてあります。道、ダム、大きな建造物など、エネルギーの流れが見えないので遮ってしまう。これは人にも言えることで、体内の気の流れ、血流、リンパの流れなど、円滑に流れることは健康につながり、良い運気を取り込みます。目には見えないですが、霊線の流れも滞りがないように、常に心に気にかける必要があります。

素直な心で感謝の気持ちを常に持つことによって、さまざまな「流れ」がスムーズに円滑になるのです。

このカードを見て何を思いますか？

いい流れに乗って物事が進んだことはありますか？

流れに乗って進んだ結果どうなりましたか？

このカードについて思うことや記憶しておきたいこと。

龍《りゅう》穴《けつ》

◆大意　自然
■正位置　良い気が出てくるところ、スポット、良いものが湧き出る
■逆位置　詰まり、遮断

　良質なエネルギーが流れ出てくるところを龍穴といいます。この龍穴の近くに住むと、あなたの一生は安泰し繁栄するといわれています。

　龍穴は、主に清浄で自然の美しいところにあります。大自然の偉大なるエネルギーを感じるところです。人々は太古の昔から自然からの良い気を感じるとともに、その気に対して感謝と尊敬の念を届けてきました。

　前向きで愛の溢れた感謝の気持ちと自然からの清浄なエネルギーが相まって、その場所はさらに良い磁場へと変化していくのです。龍穴では、気を受け取るだけではなく、心を込めた感謝の気持ちを発することも大事です。こういったエネルギーの積み重ねが蓄積していくと、自然と人との融合が進み、心温まり、心にも身体にもお互いによい環境が保たれていくのです。

　龍穴のある自然の中に身をおいて、謙虚であると、見えてくるものがあるのかもしれません。

このカードを見て
何を思いますか？

美しい自然と触れたのはいつですか？

美しい自然と触れたとき何を感じましたか？

このカードについて思うことや記憶しておきたいこと。

龍《りゅう》馬《ま》

◆大意　　変身

■正位置　必要に応じる、現状にできることの最大限、最速

■逆位置　中途半端、必要のない変化

龍馬とは龍が馬に変身し、とてつもない速さで走る様子をいいます。または、大変足の速い馬のことをたとえて龍馬と表します。

龍は空を飛ぶことができるのに、わざわざ地上で馬に変身し大地を駆けています。それは何のためなのでしょうか。その意味は何なのでしょうか？　それが最善と判断したからかもしれません。生きていく上で何かあったときに、自分ができることよりも少し視線を低くして応じることがあるとこの龍馬は表しています。

それとは反対に、龍のように自分の力がある限り、精いっぱいその力を出し切ることをも表します。馬である以上の力を出す。それは、無心に情熱を傾けるとまれに発揮できる自分が持てる以上の力でしょうか。

馬は昔から人と共に、歩んできました。乗り物として、農作業のための力馬として、人類の発展の一役を担ってきました。

このカードを見て何を思いますか？

動きが必要だと思うものは何でしょう?

物事が動くことによって変わることは何でしょう?

このカードについて思うことや記憶しておきたいこと。

龍生九子《りゅうせいきゅうし》 一番目 囚牛《しゅうぎゅう》

◆大意　鳴り物を好む

■正位置　音楽、エンターテイメント、芸能、癒し、直感、内なる声

■逆位置　内にこもる、孤独

音楽は時に人を癒します。

その音が、神界からこの現実世界におろされた音は、癒すだけではなく人の心を変える力が出てきます。たとえ時が流れても、時代が移ろうとも感動を呼ぶ名作は神界からの音なのかもしれません。

琴や鼓の飾りとしてよく見かける囚牛は、黄色い小さな龍です。人が神界の音を表現できるように、人の心をつかめる調べを奏でることができるように、そんな思いを込めて囚牛は古くから、中国や日本で鳴り物に飾られてきました。

人の喜怒哀楽も、音楽を通して表現することができます。音を通して伝わるもの。音を通して訴求すること。音を通して広がるもの。音を通して知れ渡る。音と一口に言ってもさまざまな形の影響力があるのです。

音楽は魂の活動の一つなのかもしれません。それは思っている以上に、人々の心に影響を与えているものなのです。

このカードを見て何を思いますか？

あなたの好きな音楽、
芸術は何ですか？

その好きな音楽を聞い
たり、芸術作品を見た
ときどんなことを思い
ますか？

このカードについて
思うことや記憶して
おきたいこと。

龍生九子《りゅうせいきゅうし》 二番目 睚眦《がいし》

◆大意　気性が荒い、戦い、戦士
■正位置　外部要因、願望の制御、バランス
■逆位置　逃避、敗北、失敗

自分の心をコントロールすることができなくなり、つい戦いを挑む。そんなふうに気性が荒いのがこの睚眦です。

カッとなってしまったら、周りや状況が見えなくなり、自分の感情のまま突き進んでしまいます。そして自分本位な行動をします。後になって気がつくと、思いもよらない展開になってしまうことはよくある話です。

自分自身の魂から「冷静に一歩離れて考えてみるといい」と助言があっても、まったくもって耳に入りません。顕在意識が怒りの感情でいっぱいになってしまうからです。

心の器を少しでも広げることができたら、その広がった部分の隙間に魂が語りかけることができます。少しずつ、少しずつ魂が語る声が聞こえるように日々の心構えが必要です。

冷静な判断力を得るには、心に余裕を持つことが大事です。

このカードを見て何を思いますか？

あなたが感じている怒りは何ですか？

その怒りが沈まるのはどういう状態ですか？

このカードについて思うことや記憶しておきたいこと。

龍生九子《りゅうせいきゅうし》 三番目 嘲風《ちょうふう》

◆大意　険しさ、断崖、危うさ、危機一髪
■正位置　霊感、非日常、別世界、不安定
■逆位置　危機、思慮がない

屋根の軒に遠くを見るように飾られているのが嘲風です。その姿は鳳凰《ほうおう》に似ています。常に遠くを見ている姿ははかない人生の旅をあてどもなく探し求めているようでもあるし、遠くにある目標をただひたすら見つめているようでもあります。

生きているとさまざまなことを体験します。楽しいこと、嬉しいこと、そして苦しいこと、辛いことも多いかもしれません。毎日、毎日そんなふうにいろいろなことを体験しながら歩みを進めていると、心の底から湧きあがるようにこの世の理がわかる時が突然やってきます。

自分が望むこと、やってみたいことを一生懸命やってみる。実際にやってみることによって、次に見えてくるものがあります。興味があることには、あまり考えずどんどん挑戦していくといいのではないでしょうか。

いつか、必ずハッとするようなことに気づくはずです。

このカードを見て
何を思いますか？

もう駄目だ、崖っぷちと思うことはありますか。それはどんなときですか？

どのようにして立ち直りますか？

このカードについて思うことや記憶しておきたいこと。

龍生九子《りゅうせいきゅうし》 四番目 蒲牢《ほろう》

◆大意　吼《ほ》える
■正位置　恐怖の伝達、鐘の音、危険の警笛
■逆位置　安全、平和

人は感情を抑えきれなくなったときに、大きな声を出してそのエネルギーを放出します。恐怖におびえたときに叫んで、その恐怖のエネルギーと助けてほしいという願望とともに叫ぶのです。音は恐怖というエネルギーを伴って伝わっていきます。

この叫びを糧として、楽しんだり、喜んだりする者が存在します。人の恐怖心を喰らって生きる魔物といったらいいのでしょうか。その魔物から自分を守るように警笛をならしているのが、蒲牢です。人の恐怖心を餌に、ビジネスや商売をすることへの警笛です。自分で気がつかずに、魔物の手伝いを始めてしまったケースもたくさんあります。この警笛が聞こえたら、今までの自分の行動をあらため、それを上書きするように善意のあることをすること。

間違った道を進んでしまった場合は、そのことを悔やむよりも直ちに心を切り替えて、どんどんと良心に沿ったことをしましょう。

このカードを見て何を思いますか？

どんなことに恐怖を感じますか？

恐怖を感じたら、どうしますか？

このカードについて思うことや記憶しておきたいこと。

龍生九子《りゅうせいきゅうし》 五番目 狻猊《さんげい》

◆大意　火、煙
■正位置　浄化、無に返す、煙にまく、熱
■逆位　危ない炎、嫉妬やねたみなど

マンガなどでよく、魔物に取り付かれた屋敷の周りを黒い煙で覆っているように表現されていることがあります。邪悪な霊がまとわりついているのです。この黒い煙のような存在は、線香をたくことによって、その煙を使って浄化することができるといわれてきました。また、故人に対して線香を点すことは、癒しを与えるようです。狻猊は、線香台の脚などの意匠にされてきました。線香を点したときに浄化されたい、癒されたい存在たちを静かに見守っているのです。

儀式を執り行うときにもよく火を焚きます。火を焚くことによって、明かりを点しそれから聖霊や霊的存在を迎え入れ、そして、煙で見送る。火と煙は、霊的存在に対しての現実世界からの働きかけをする道具として、長らく使われてきました。

「煙にまく」「無に返す」、などと使われてきている意味はこのあたりにあるのかもしれません。

このカードを見て何を思いますか？

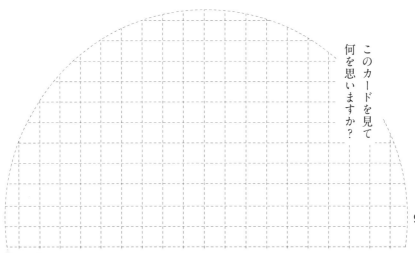

火や煙を見ると何を連想しますか？

火や煙はこの世界ではどういう意味がありますか？

このカードについて思うことや記憶しておきたいこと。

龍生九子《りゅうせいきゅうし》 六番目 贔屓《ひき》

◆大意　重さに耐える
■正位置　重責、勤労、大きなプロジェクト、大きな出来事
■逆位置　ひっくり返る、どうでもいいこと

贔屓は常に重たいものを支えています。その姿はどっしりと、亀のようで力強いです。「*贔屓《ひいき》の引き倒し」という諺は、特定の人を贔屓にすると、その人はかえって不利を招くという意味で使われますが、これは、土台を引っ張ると崩れるというところから来ています。

「鼻息荒く働き、富を入手する」としてよく石柱の下や家具の柱の下などに彫られている贔屓は、富の象徴としても慕われてきました。

人生で起きる苦も楽も受け止めて、一生懸命働く姿を表している。または、わき目もふらずひたすら富を作ることに専念している。

こういうときの動機や最初の理念はどういうものなのでしょうか。良きことであるのか、我欲のためであるのか、その動機によって富を作ったあとの人生が変わってきます。

働くことも、富が積み上げられるときもいつでも感謝の心を忘れないようにすることが大切です。

＊龍は贔屓《ひき》と読み、ことわざは贔屓《ひいき》と読みます。

このカードを見て何を思いますか？

ストレスを感じるときはどういうときですか。また、大きな責任を感じるときはどういうときですか？

大きな責任を背負って生きている人は誰、どんな人でしょう？

このカードについて思うことや記憶しておきたいこと。

龍生九子《りゅうせいきゅうし》 七番目 狴犴《へいがん》

◆大意　導き手、良心
■正位置　訴訟、伝道師、保守的、善良、忠告
■逆位置　無頓着、常識はずれ

その姿は老いた虎に似ていて迫力があるといわれています。裁きを行う建物の中によく意匠として彫られています。知恵と良識によって悪人を裁くのか、それとも心の奥底にある魔物のような気持ちで悪人を裁くのか、その罪人の行方を静かに見ているのが、この狴犴です。

一人で悩み、苦しみ、答えを出すこともできますが、この狴犴のように知恵がある者に助言を求めてみると、今までとは違った視点で物事を見ることができるようになり、いい解決策が出てくるかもしれません。

自分よりも長い時間を精いっぱい生き、何事かを成し遂げたことのある人物は、物事を大きな視点で捉え、見ることができます。この世に長く生きてきた経験から導き出す視点があるのです。それは大変興味深いものがあります。たまには、人生の大いなる先輩の言葉や意見に耳を傾けるというのもいいかもしれません。

このカードを見て何を思いますか？

あなたにとって真の公正、正義はどういうことでしょう?

偽の公正・正義はどういうことでしょう?

このカードについて思うことや記憶しておきたいこと。

龍生九子《りゅうせいきゅうし》　八番目　負屓《ふき》

◆大意　文章の読み書きを好む
■正位置　学士、勤勉、学ぶ姿勢
■逆位置　不勉強、無知

文章の読み書きを大変好む負屓。文字が刻まれた石碑によく意匠として彫られています。文字にして、さまざまな出来事を残すことは大切なことです。歴史とその背景を知った上で、現状をどうするかという決断をするときに役立ちます。

絵や文字でその出来事を残していく。そんな大役を陰で支えたのがこの負屓なのかもしれません。温故知新、古きを知り新しい見解を得る。文章として残っているものは常に過去の記録です。ですが、そこには未来に繋がる見解がたくさんあります。その事象の根幹を成しているものは何か、その文字の隙間に何が見えるか。そんな見方をしていくと、新しい発見に導かれるでしょう。

今リアルタイムで起こっていることだけに囚われず、その背景や根本にあるものを見落とさないためにも一度振り返ってみることは大切なことの一つです。

このカードを見て何を思いますか？

今から挑戦したいことは何ですか。または取得したい資格や技能はありますか？

その後または、資格の習得後のあなたの展望は何ですか？

このカードについて思うことや記憶しておきたいこと。

龍生九子《りゅうせいきゅうし》 九番目 螭吻《ちふん》

◆大意　獣、自然
■正位置　長期的な視野、大局をつかむ
■逆位置　目の前の小事、灯台もとくらし

一言で獣といっても、そのイメージはさまざまです。肉食獣の怖い存在、リスのようなかわいらしいものなど。これら獣たちの核にある共通点は、全て大自然の中でそのサイクルや恵みの中で生きているということです。

動物たちは、食べ物を見つけないと死んでしまいます。非常に過酷な環境の中で生きている獣たちもたくさんいます。そして必要以上の殺生をしません。だからといって、大いなる自然から受け取る食べ物に、そして生きていることに感謝をしているかどうかも私たちにはわかりませんが、自分が持てる以上の欲をかくこともないでしょう。自然と一体となって生きています。

日々の生活に追われて忘れがちになっている人もたくさんいますが、人も自然がなければ、生きていけないのです。木、水、空気、太陽全てがなくては生きていけないのです。

このカードを見て何を思いますか？

10年後、20年後にどうなっていたいですか？

そのために何をしますか？

このカードについて思うことや記憶しておきたいこと。

龍神界《りゅうじんかい》

◆大意　もう一つの宇宙
■正位置　龍神界の王、宇宙の関係、現実世界への影響
■逆位置　世界の分断、崩壊

宇宙にはもう一つパラレルに宇宙が存在します。そのもう一つの宇宙を龍神界といいます。龍神界からは現実世界を見ることができますが、現実世界から龍神界を見ることはできません。

このカードの龍は、龍神界の王です。もう一つの世界の龍神です。ですので、カードの意味は龍神と同じですが、別世界にいるということを念頭に置いてください。

龍神界と現実世界は深く絡み合い、影響を与え合っています。特に龍神界から現実世界への影響力は大きく、龍神界で大事が起こると現実世界にもその影響が大きくあります。

現実世界の出来事だけでは腑に落ちないことや納得のいかないことも、龍神界のメッセージを読み解くことで、その原因がわかり、納得がいくこともあるでしょう。見えない世界との連動で深くカードを読み込むことができます。

このカードを見て
何を思いますか？

あなたはもう一つの世界というと何を思い浮かべますか？

あなたが思うもう一つの世界に何を期待しますか？

このカードについて思うことや記憶しておきたいこと。

二枚のカード　八大龍王　難陀と跋難陀

この二龍は、難陀が兄、跋難陀が弟です。カードを二枚合わせると一枚の絵が出来上がります。

どちらの龍も大変能力があり、お互いに尊敬し合っています。それぞれの役割をよくわかっており、この二龍が一緒に何かをしようとすると、どちらかの龍だけで何かするときの三倍の力を発揮することができます。

この二龍がカード展開されたときは、チームワークが発揮されるときや力が三倍になるときなどと読めます。また、どちらかのカードが展開されたときは、一緒に何かをするパートナーが欠けている、サポートを探している、兄弟の思いを背負って一人で戦うなどと読むことができます。

第二部　カードを使って夢の計画表を作る

ここでは、カードを引いて展開するというよりも、自分の夢の実現のためにカードを使って計画表を作る作業です。

①真ん中に自分の叶えたい夢を書いてください。
②図の２～９に、その夢を達成するために必要なことを書いてください。
③それぞれの夢に必要な龍神カードのサポートをもらうように、カードを置いていってください。
④最後になぜそのサポートが必要なのかを書いてください。
⑤この展開に対して思うことや、記録しておきたいことを書いてください。

この作業をすると、自分の夢の実現のために必要なことがわかり、何をすべきかが見えてきます。そして、カード間の繋がりが見えてきます。

夢の実現のための展開

実施日 ＿＿＿＿＿＿＿＿

⑨

②

③

⑧

①
叶えたい夢

④

⑦

⑥

⑤

②〜⑨に記入すること。
1. その夢を達成するために必要なこと。
2. 必要な龍神のサポートはどのカードですか？
3. なぜそのサポートは必要ですか？

夢の実現のための展開

実施日 ＿＿＿＿＿＿＿＿

⑨	②	③
⑧	① 叶えたい夢	④
⑦	⑥	⑤

②〜⑨に記入すること。
1. その夢を達成するために必要なこと。
2. 必要な龍神のサポートはどのカードですか？
3. なぜそのサポートは必要ですか？

夢の実現のための展開

実施日 ＿＿＿＿＿＿

⑨	②	③
⑧	① 叶えたい夢	④
⑦	⑥	⑤

②〜⑨に記入すること。
1. その夢を達成するために必要なこと。
2. 必要な龍神のサポートはどのカードですか？
3. なぜそのサポートは必要ですか？

夢の実現のための展開

実施日 ＿＿＿＿＿＿＿＿

⑨

②

③

⑧

①
叶えたい夢

④

⑦

⑥

⑤

②～⑨に記入すること。
1. その夢を達成するために必要なこと。
2. 必要な龍神のサポートはどのカードですか？
3. なぜそのサポートは必要ですか？

第三部　カードを使ってみる

龍神カードには決まったカード展開はありません。タロットカードのような引き方でもよいですし、自分でオリジナルな展開を考えてそれを応用してもかまいません。

このワークブックでは、解説書にある6つの引き方の練習ができるようになっています。

簡単な三枚引きから方位引き、六枚引きまた龍神界カードを加えた引き方です。（一枚引きはありません。）龍神界カードを含める展開が一番複雑になります。

自分に合わないと思うものがあれば、無理にする必要はありません。自分が気持ちよくカードに向き合えるもので展開するとよいでしょう。

カードを展開する度に、その内容を記録しておくとよいでしょう。以前の記録の内容が次の展開に繋がり、自分自身または他の課題を線で結び最終的には大きな一つの円形となり、俯瞰して大きく見ることができることがあります。

書き込んでいないページを複写して、何度もカードを展開するのもお勧めします。

カード展開をしているときに、自分の経験に照らし合わせて納得できることが大事です。もし、納得できなければ、そのままにして、後で戻ってきて作業してもよいです。

新しいカードのシャッフルとカット

新しいカードは、解説書に書かれている順番通り束になっています。カードを使う前には、気が済むまでシャッフルまたはカットしましょう。「気が済むまで」することがポイントです。シャッフルまたはカットすることによって、前に使用した人や事柄の磁気をクリーニングすることになります。カードを自分色にしてから始めることは、大事なことです。

正位置読みと逆位置読みがありますが、正位置読みだけで使いたい方はシャッフルをせず、何度もカットしましょう。

質問を明確にしましょう

カードを引いて展開する前に必ず何を知りたいか、何に対する答えを求めているのか明確にしましょう。

質問が曖昧だとその質問の答えを得ることが難しくなります。自分自身がいま置かれている状態や心の在り方、自分の要望をきちんと理解していないと明解な質問はできません。自分の心からのメッセージを見定めることがとても大切です。

自分を深く知るための作業をする理由の一つです。

カードの正位置読みと逆位置読みをどうするか決める

一枚一枚のカードには正位置読みと逆位置読みを記載しておりますが、これはどちらを使用してもよいです。両方を使用してもよいですし、正位置読みだけでカード展開することもよいです。自分の好みがどちらなのか感じて実践してみてください。

カードの展開を決める

質問が決まったら、その質問に合った展開を決めます。簡単な質問の場合は、三枚引き、詳しく知りたい場合は六枚引き。方位引きは方位に関係がある質問があるときに。龍神界カードを加えるときは、この現実界だけではなく霊界や幽界または神界からの意味を知りたいときや、そこからのメッセージがあるのではないかと感じるときに加えるといいでしょう。

心を落ち着けます

物事を判断するときには、冷静に心が落ち着いていると、物事を大きく捉えることができます。イライラしていたり、感情的になったり、怒っていたりするとその事象にばかり目がいき、大事なことを見落としてしまうことがあります。

カードのメッセージも同じことです。心を落ち着け冷静にしていると広い視野で見ることができ、カードが伝えたいことがよりよくわかるようになります。

シャッフルまたはカットする

カードを引く前には必ずシャッフルまたはカットしましょう。前の質問の気配がカードに残らないように、気が済むまでカードをクリーニングします。

カードを切り終わったら、心を落ち着けて質問したい内容を心に描きます。

それからカードを整えます。

整え方と引き方

●カードを重ねて一段に置き、上から引いていく。

●重ねたカードを二つか三つに分け、選んだカードの束の上から順番に引いていく。

●シャッフルしたまま引く。

●カードを横一列に並べ気に入ったものを引く。

※どんな方法でも大丈夫です。自分が気に入った方法を取り入れてください。カードは上から順に引かなくとも、上から三枚目のカードだけを引いていく方法もあります。

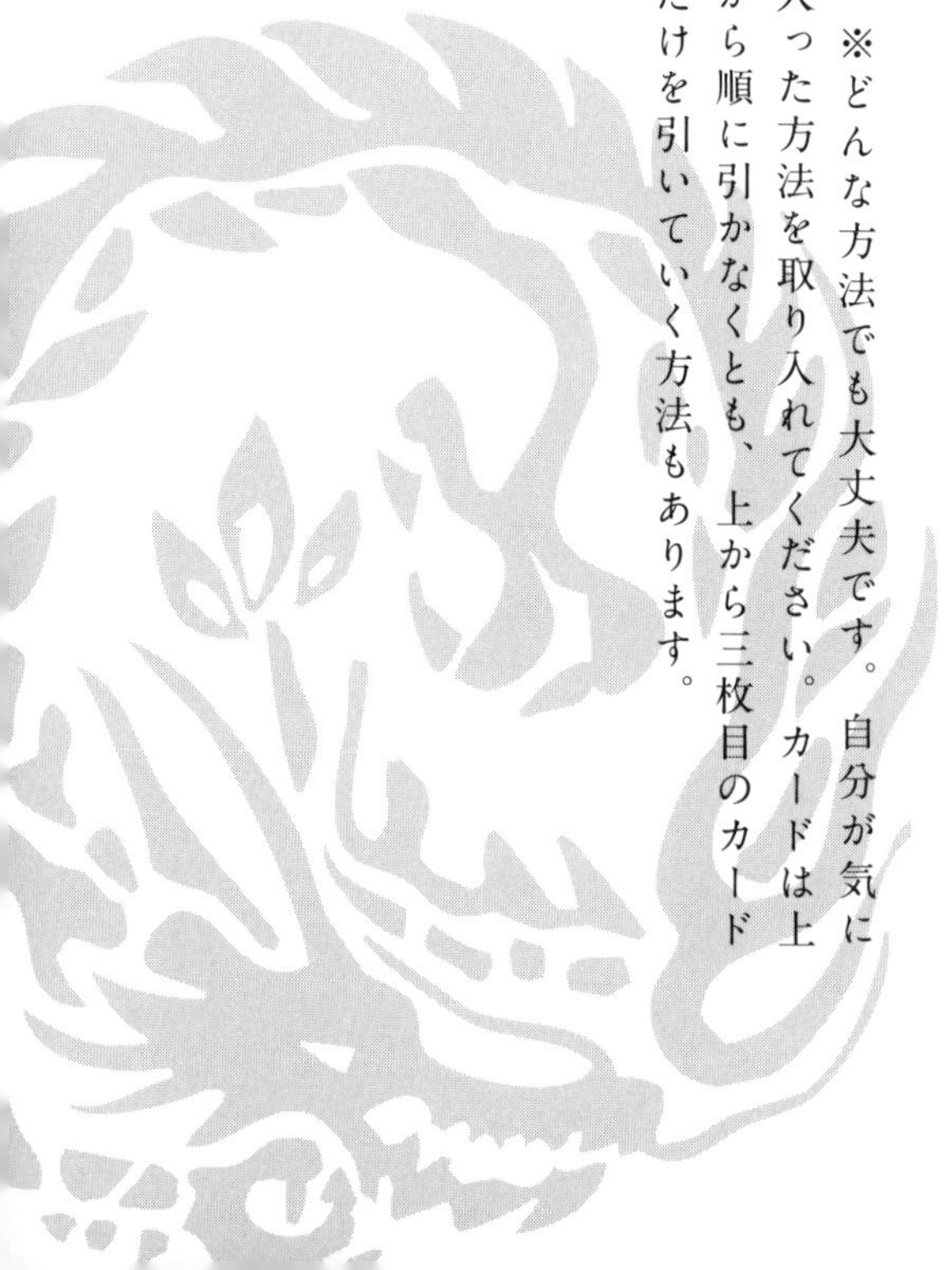

三枚引き

三枚引きは一番簡単な引き方です。簡単な質問のときやまだカードに慣れていないとき、また時間がないときに最適です。
カードを一枚ずつ三枚引きましょう。

見方その①
一枚目は、今ある課題、二枚目は現在の状況、三枚目は解決方法。
見方その②
一枚目は過去、二枚目は現在、三枚目は未来。
必要によって自分のアイディアで見方を変えてみることもできます。

■見方その①

今ある課題　　現在の状況　　解決方法

■見方その②

過　去　　現　在　　未　来

実施日 ＿＿＿＿＿＿＿＿

三枚引き

①	②	③
今ある課題	現在の状況	解決方法
過去	現在	未来

カード① ＿＿＿＿＿＿＿＿＿＿＿＿＿＿＿＿

カード② ＿＿＿＿＿＿＿＿＿＿＿＿＿＿＿＿

カード③ ＿＿＿＿＿＿＿＿＿＿＿＿＿＿＿＿

質問

この展開に関して思うことなど

カードの展開を見た最初の印象

その他

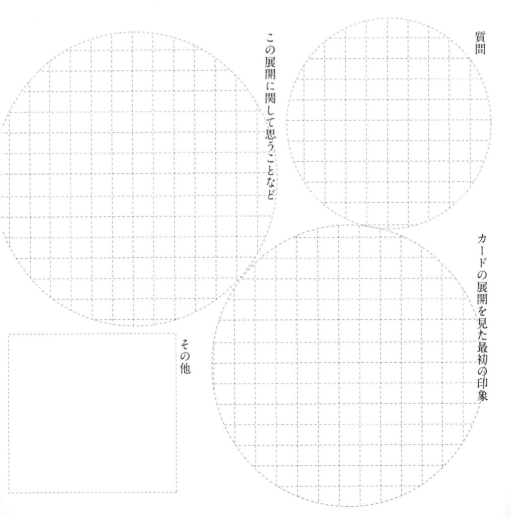

実施日 ＿＿＿＿＿＿＿＿

三枚引き

①	②	③
今ある課題 過去	現在の状況 現在	解決方法 未来

カード① ＿＿＿＿＿＿＿＿＿＿＿＿＿＿

カード② ＿＿＿＿＿＿＿＿＿＿＿＿＿＿

カード③ ＿＿＿＿＿＿＿＿＿＿＿＿＿＿

質問

この展開に関して思うことなど

カードの展開を見た最初の印象

その他

気になるカードを引いたとき

カードの大意はわかったけれども、もう少し深く意味を知りたいと感じたとき、もう少しかみ砕《くだ》いた意味を知りたいと思うようなカードを引くときがあります。また、他に引いたカードとの関連が理解できず、意味がよくわからないと感じるときもあるでしょう。

そういうときは、その気になるカードを上にして、さらに一枚、三枚と引いていきます。そのカードの意味を読みながらピンときたものがあれば、それが答えです。

カードから質問の答えを見いだせないとき

いくつか原因が考えられます。

一つ目は質問が精査できていないとき。カードを展開する前に自分の心をしっかりとみつめて、何を問いたいかを再度よく考えてみてみましょう。また、質問の内容が虚偽である場合。質問の内容が自分の器より大きく意味が掴《つか》めないとき。質問が時期と呼応していないときなど。答えが見つからなくても、気にする必要はありません。

こういうときは、少し時間を置いて再度カードを展開してみてもいいですし、改めて質問の内容を把握してみるなど。距離を置いてみることも大切なことです。

六枚引き

三枚引きよりも少し複雑な要素も加えた六枚引きです。さらに詳しく観るときや、三枚引きだと不明瞭なときに用いるといいでしょう。

六枚の見方は次の通りです。

①原因となっているもの、過去からの関係
②今必要な学び
③課題を通しての学び
④まわりの状況
⑤アドバイス
⑥未来に起こりうること

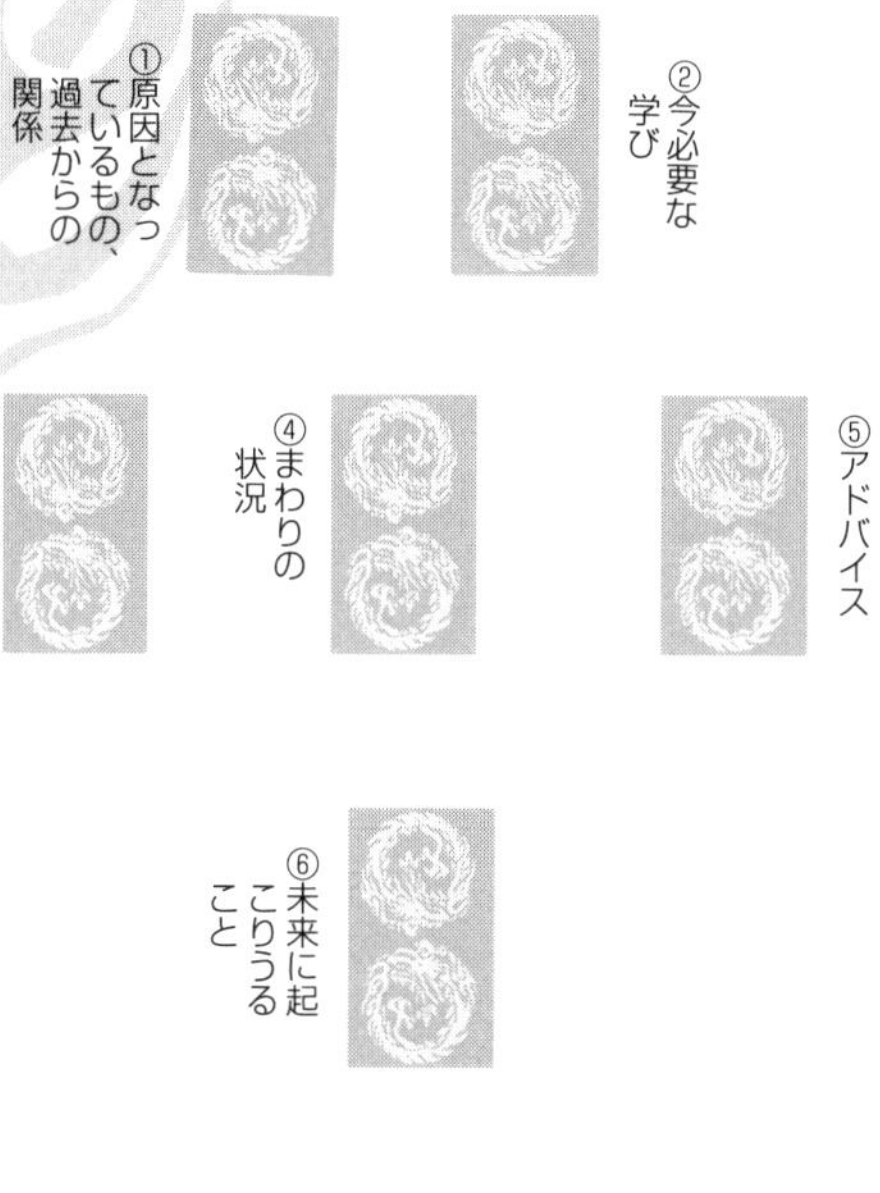

実施日 ＿＿＿＿＿＿＿＿

六枚引き

①
原因となっているもの、過去からの関係

②
今必要な学び

③
課題を通しての学び

④
まわりの状況

⑤
アドバイス

⑥
未来に起りうること

カード① ＿＿＿＿＿＿＿＿＿＿＿＿＿＿＿＿

カード② ＿＿＿＿＿＿＿＿＿＿＿＿＿＿＿＿

カード③ ＿＿＿＿＿＿＿＿＿＿＿＿＿＿＿＿

カード④ ＿＿＿＿＿＿＿＿＿＿＿＿＿＿＿＿

カード⑤ ＿＿＿＿＿＿＿＿＿＿＿＿＿＿＿＿

カード⑥ ＿＿＿＿＿＿＿＿＿＿＿＿＿＿＿＿

質問

カードの展開を見た最初の印象

この展開に関して思うことなど

実施日 ______________

六枚引き

①
原因となっているもの、過去からの関係

②
今必要な学び

③
課題を通しての学び

④
まわりの状況

⑤
アドバイス

⑥
未来に起りうること

カード① ______________

カード② ______________

カード③ ______________

カード④ ______________

カード⑤ ______________

カード⑥ ______________

質問

カードの展開を見た最初の印象

この展開に関して思うことなど

方位引き

龍神カードでは、東西南北と中央を意味するカードがあります。そのカードをそれぞれの位置に置いて使用するというものです。

東　四神青龍
西　四神白龍
南　四神赤龍
北　四神黒龍
中央　黄龍

右のカードをそれぞれの方位を示す位置に置き、その上にカードを置いていきます。一枚引き、または三枚引きなどどれくらい深く知りたいかによって、何枚のカードを引くかを決めるとよいでしょう。

決まった方位だけを知りたいときは、その知りたい方位カードを置き、その上にカードを引いていきます。

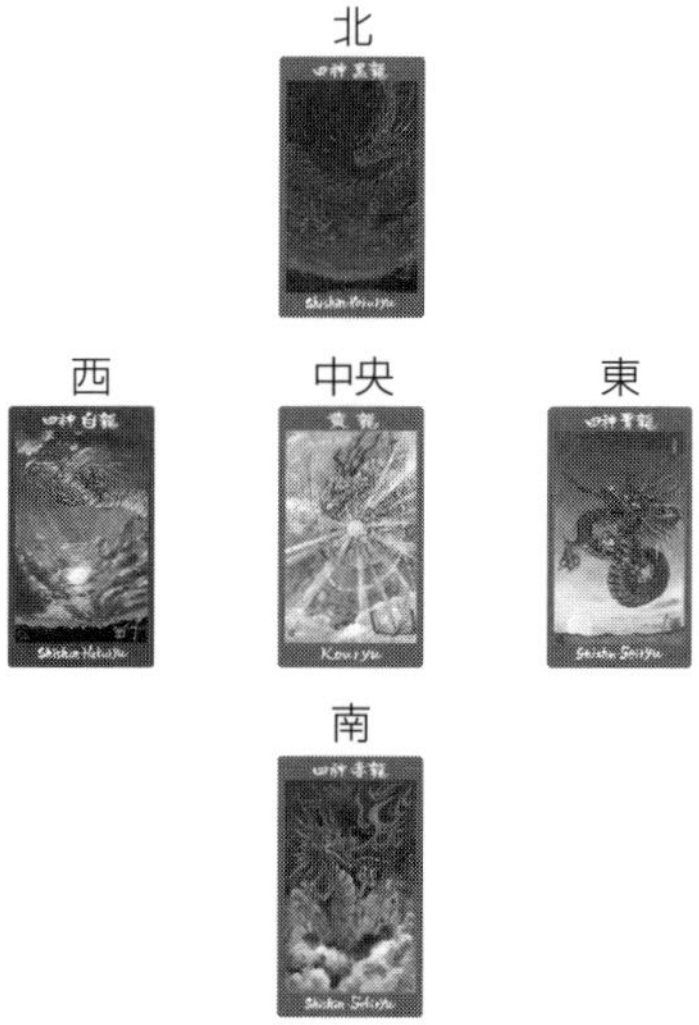

ここでは方位を一つ決めて、そこに龍神カードを配し三枚引き（上図）をするワークを提供しています。
四方位または四方位に中央を加えてのカード展開（下図）も可能です。必要に応じて方位を決めるとよいでしょう。

実施日 ＿＿＿＿＿＿＿＿

方位引き

①
方位カード

②
今ある課題

③
現在の状況

⑤
解決方法

カード① ＿＿＿＿＿＿＿＿＿＿＿＿＿＿＿＿

カード② ＿＿＿＿＿＿＿＿＿＿＿＿＿＿＿＿

カード③ ＿＿＿＿＿＿＿＿＿＿＿＿＿＿＿＿

カード④ ＿＿＿＿＿＿＿＿＿＿＿＿＿＿＿＿

質問

カードの展開を見た最初の印象

この展開に関して思うことなど

実施日 ＿＿＿＿＿＿＿＿

方位引き

① 方位カード

② 今ある課題	③ 現在の状況	⑤ 解決方法

カード① ＿＿＿＿＿＿＿＿＿＿＿＿

カード② ＿＿＿＿＿＿＿＿＿＿＿＿

カード③ ＿＿＿＿＿＿＿＿＿＿＿＿

カード④ ＿＿＿＿＿＿＿＿＿＿＿＿

質問

カードの展開を見た最初の印象

この展開に関して思うことなど

龍神界カードを加えて使用する

二つの世界

龍神界と現実世界の二つの世界の関係や、さらに深い原因を探るときの引き方です。龍神界カードと龍神カードを並べて置いて、他のカードを引いていきます。

二枚のカードを並列に置いて、カードを順番に三枚引きます。

現実世界の事情と、龍神界の事情をそれぞれ読み解き、その関係性を探ります。内容に納得しない場合は、カードをさらに一枚ずつ引いていくとよいでしょう。

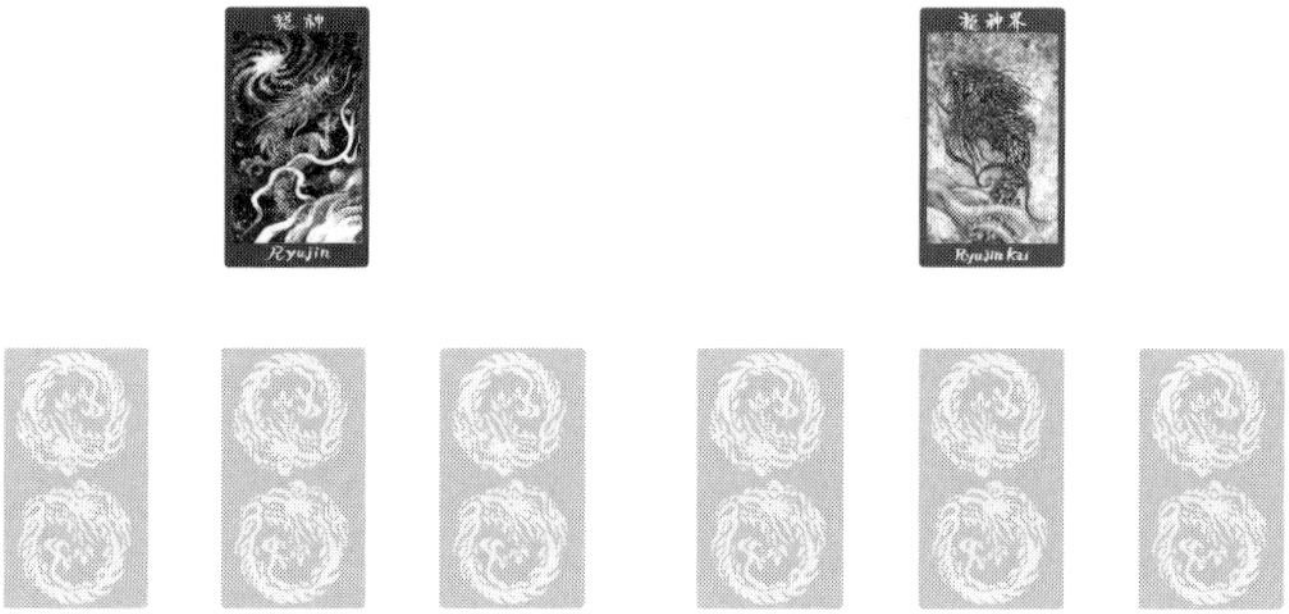

左　龍神（現実世界）からのメッセージ　　右　龍神界（別宇宙）からのメッセージ

龍神界カードを加えて、一枚引き、三枚引き、六枚引き、方位引きをするとき

世界を分けずに使用します。たとえば、三枚引きのうち一枚が龍神界カードの場合、質問に対して龍神界が伝えたいメッセージが含まれているということです。

龍神界からの詳しいメッセージは、龍神界カードに沿ってさらに新しく三枚ほどカードを引いてください。それが、龍神界からのメッセージです。

二つの世界の応用編

二つの世界は龍神界と現実世界を表していると説明してきましたが、龍神界カードを幽界や霊界に見立ててメッセージを読むこともできます。たとえば、亡くなった人からのメッセージ、精霊からのメッセージなど。

カードに質問するときに、どの世界からのメッセージを受けたいのか明確に問うことによって、そのメッセージを受けとることができます。

見えない世界は何層にも重なり、この現実世界と隣り合わせになってその世界が動いています。そうと思うと、なるほどと思えるような解決策が見つかることがあります。

実施日 ________________

二つの世界

①今ある課題

②現在の状況

③解決方法

④今ある課題

⑤現在の状況

⑥解決方法

カード① ________________

カード② ________________

カード③ ________________

カード④ ________________

カード⑤ ________________

カード⑥ ________________

質問

カードの展開を見た最初の印象

この展開に関して思うことなど

実施日 ＿＿＿＿＿＿＿＿

二つの世界

①
今ある課題

②
現在の状況

③
解決方法

④
今ある課題

⑤
現在の状況

⑥
解決方法

カード① ＿＿＿＿＿＿＿＿

カード② ＿＿＿＿＿＿＿＿

カード③ ＿＿＿＿＿＿＿＿

カード④ ＿＿＿＿＿＿＿＿

カード⑤ ＿＿＿＿＿＿＿＿

カード⑥ ＿＿＿＿＿＿＿＿

質問

カードの展開を見た最初の印象

この展開に関して思うことなど

実施日 ＿＿＿＿＿＿＿＿

二つの世界

①今ある課題

②現在の状況

③解決方法

④今ある課題

⑤現在の状況

⑥解決方法

カード① ＿＿＿＿＿＿＿＿＿＿＿＿＿＿

カード② ＿＿＿＿＿＿＿＿＿＿＿＿＿＿

カード③ ＿＿＿＿＿＿＿＿＿＿＿＿＿＿

カード④ ＿＿＿＿＿＿＿＿＿＿＿＿＿＿

カード⑤ ＿＿＿＿＿＿＿＿＿＿＿＿＿＿

カード⑥ ＿＿＿＿＿＿＿＿＿＿＿＿＿＿

質問

カードの展開を見た最初の印象

この展開に関して思うことなど

著　者 / 七海　虹

　龍は自然の中にこそ見ることができるのかもしれない、と思いながら制作をしてきました。

　世界中でさまざまな龍の伝説がありますが、日本のそして東洋の龍の伝説はどれをとっても崇高に語り継がれています。そんな東洋の龍を集めた『龍神カード』を使ったワークブックです。

　自分自身を見つめ、さらに楽しくカードを使っていただけたら嬉しいな、と思います。

絵　画 / 秋田 CHAL

　絵が描きたくて生まれてきたのかもしれない…そう感じながら、日々楽しんで絵を描かせていただいています。

　今、龍は目には見えないかもしれない、でも、はるか昔には人々の目に、龍は見えていたような気がします。地球（ここ）にいられる間に、龍にお逢いするのが私の夢です。

　龍神カードから、たくさんの笑顔が生まれますように！

最高の「龍の使者」になるための
龍神カード ワークブック

2023 年 1 月 12 日　初版発行

著　者　　　　七海　虹
絵画・表題文字　秋田 CHAL

発行者　大森浩司
発行所　株式会社ヴォイス
〒 106-0031 東京都港区西麻布 3-24-17 広瀬ビル２Ｆ　☎03-5474-5777（代表）
FAX 03-5411-1939　www.voice-inc.co.jp/

印刷・製本 / 株式会社光邦
編集協力　有限会社 United Works

ISBN978-4-89976-541-7

参考文献：『龍の起源』荒川紘／紀伊国屋書店、『図説龍とドラゴンの世界』笹間良彦／遊子館、『竜の神秘力』福知怜／二見文庫、『よくわかる「世界のドラゴン」事典』「世界のドラゴン」を追究する会／廣済堂文庫、『神々の国、日本』ヴォイススタイル／ヴォイス、『ギャラクティック・ルーツ・カード』リサ・ロイヤル／ヴォイス、『タロット教科書』マルシア・マシーノ／魔女の家ＢＯＯＫＳ

その他多数の書籍、ウェブサイトを参考にさせていただいております

銀龍

Ginryu

金龍

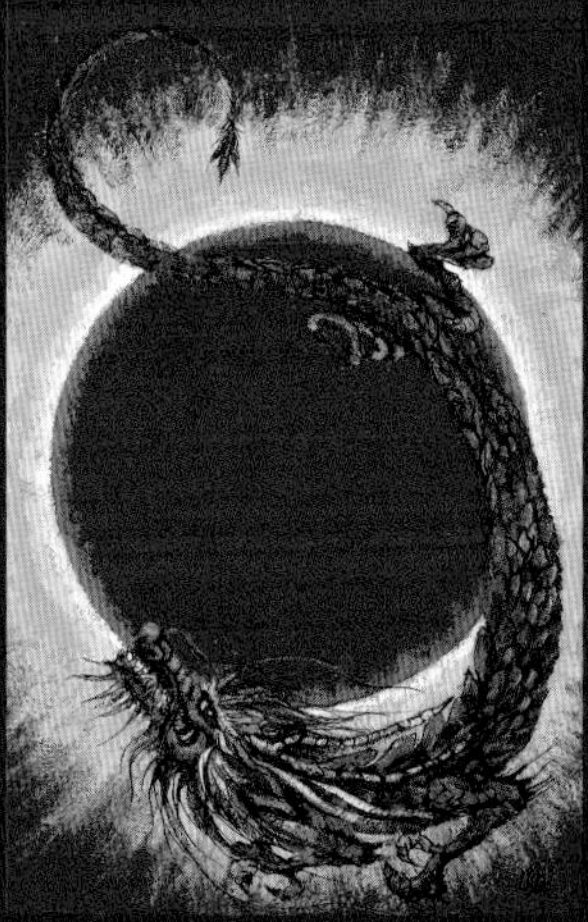

Kinryu

龍神

Ryujin

四神白龍

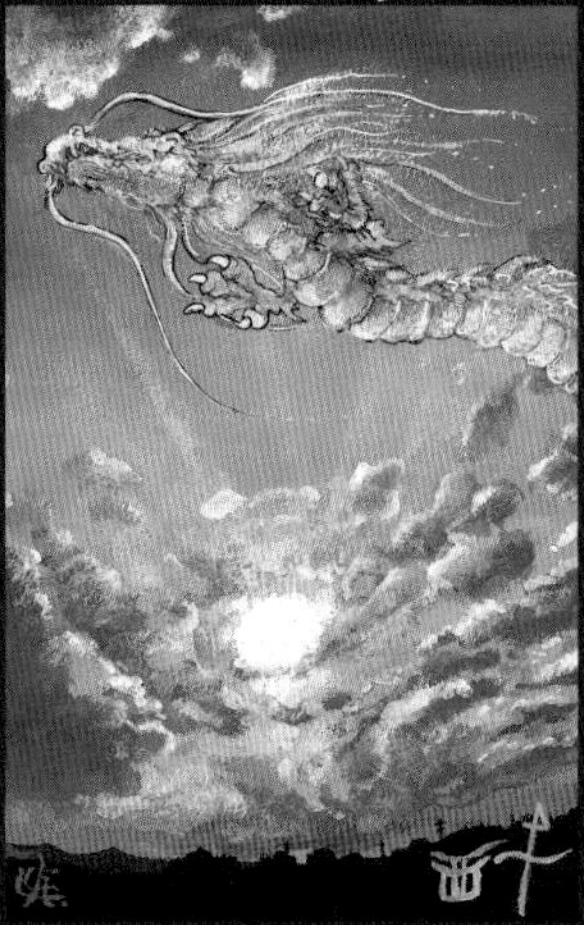

Shishin-Hakuryu

四神青龍

Shishin-Seiryu

黄龍

Kouryu

ミシン目にそってカッターなどで
切り取りご使用ください。

雨龍

Uryu

四神黒龍

Shishin-Kokuryu

四神赤龍

Shishin-Sekiryu

雷龍

Rairyu

飛龍

Hiryu

虹龍

Kouryu

ミシン目にそってカッターなどで
切り取りご使用ください。

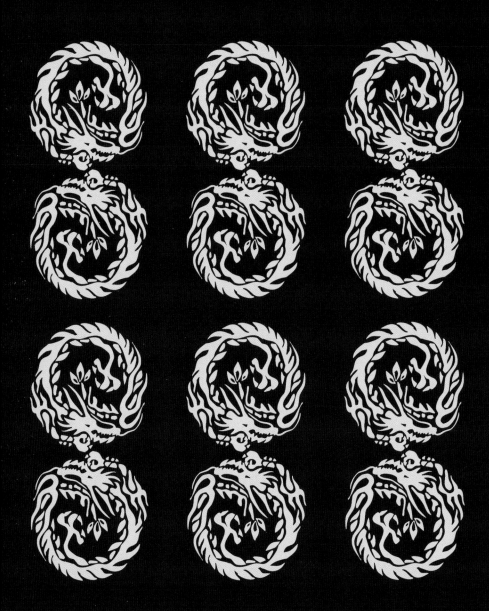

昇龍

Noboriryu

鳴龍

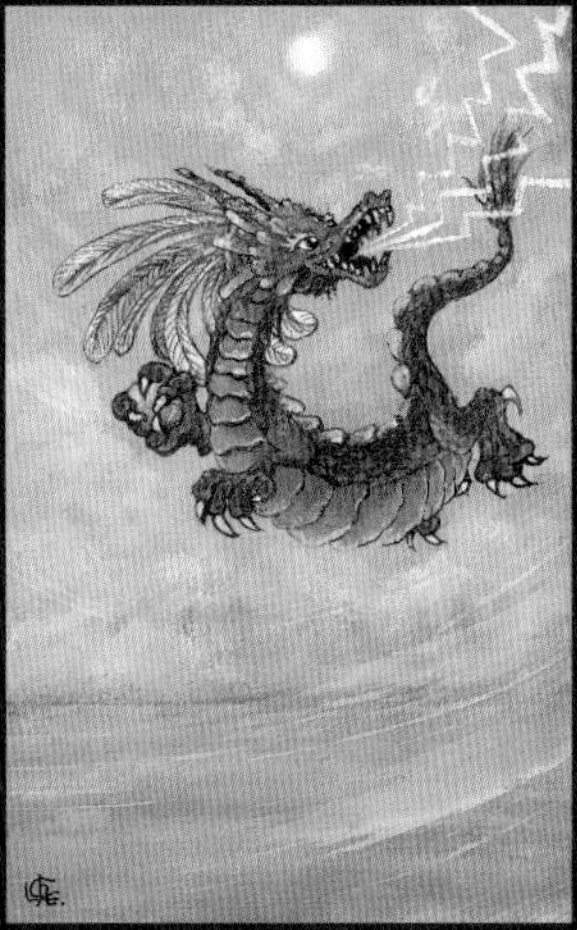

Nakiryu

臥龍

Garyu

地龍

Chiryu

蛟龍

Kouryu

応龍

Ouryu

ミシン目にそってカッターなどで
切り取りご使用ください。

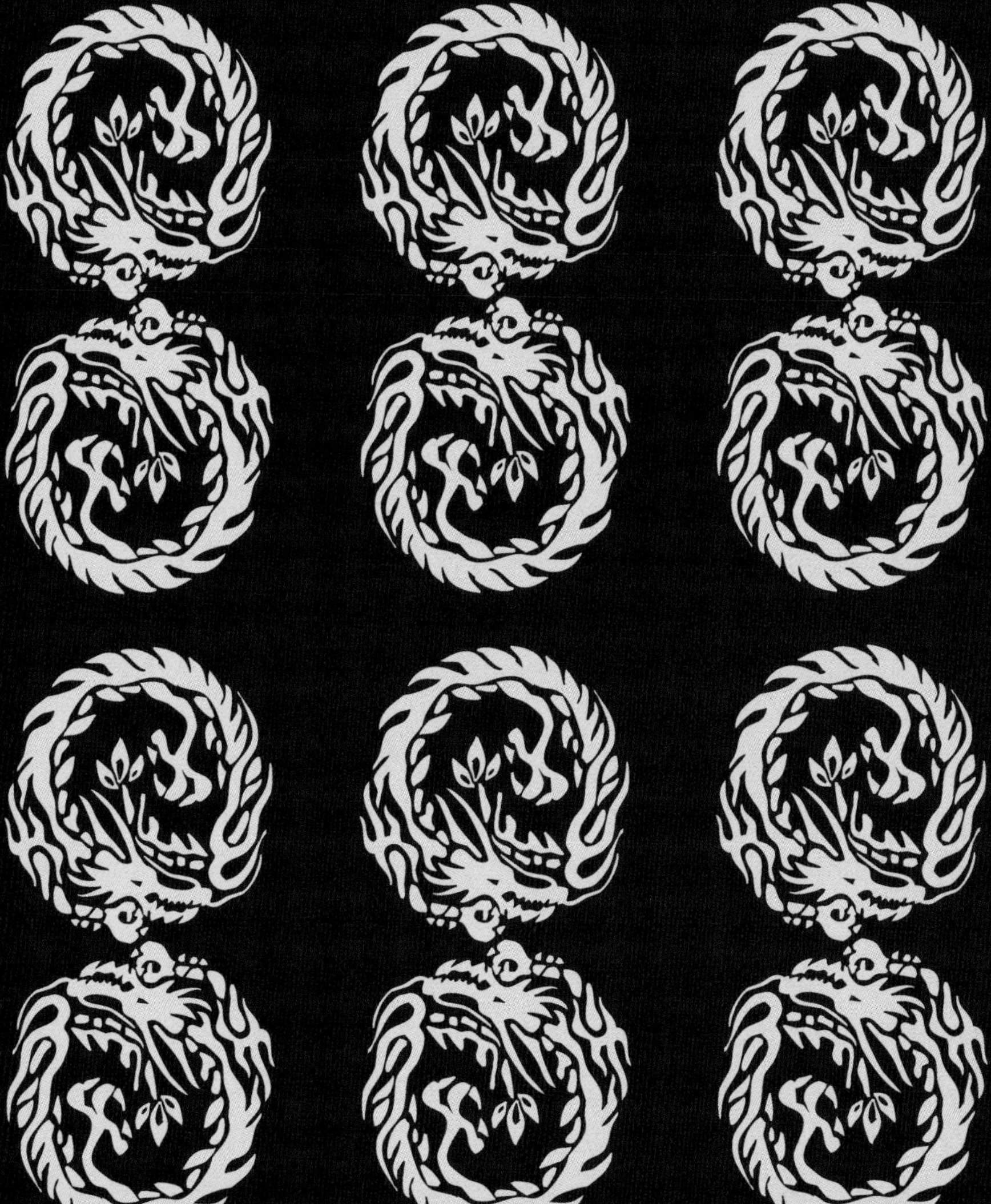

斗牛

Togyu

吉弔

Kicchou

毒龍

Dokuryu

難陀

Nanda

桃龍

Momoryu

双龍

Souryu

ミシン目にそってカッターなどで
切り取りご使用ください。

和修吉

Washukitu

娑伽羅

Shakara

跋難陀

Batunanda

摩那斯

Manashi

阿那婆達多

Anabatatta

徳叉迦

Tokushaka

ミシン目にそってカッターなどで
切り取りご使用ください。

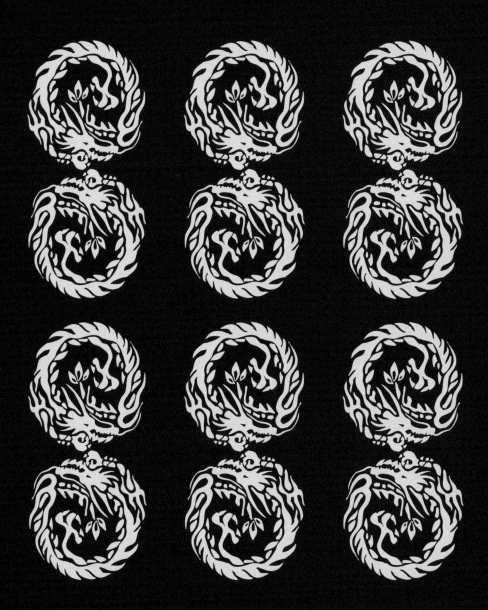

龍骨

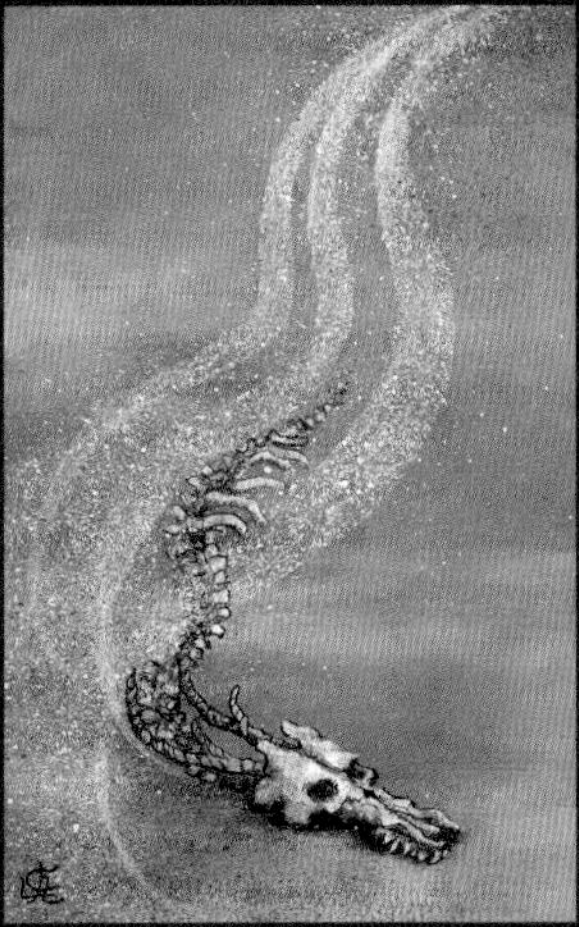

Ryukotsu

善女龍王

Zennyo-Ryuou

優鉢羅

Uhatsura

宝珠

Hojyu

夜明珠

Yameijyu

登龍門

Toryumon

ミシン目にそってカッターなどで切り取りご使用ください。

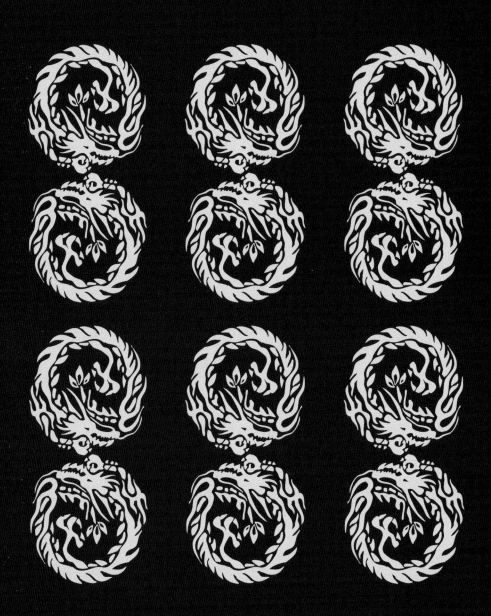

龍馬

Ryuma

龍穴

Ryuketsu

龍脈

Ryumyaku

嘲鳳

Chouhou

睚眦

Gaishi

囚牛

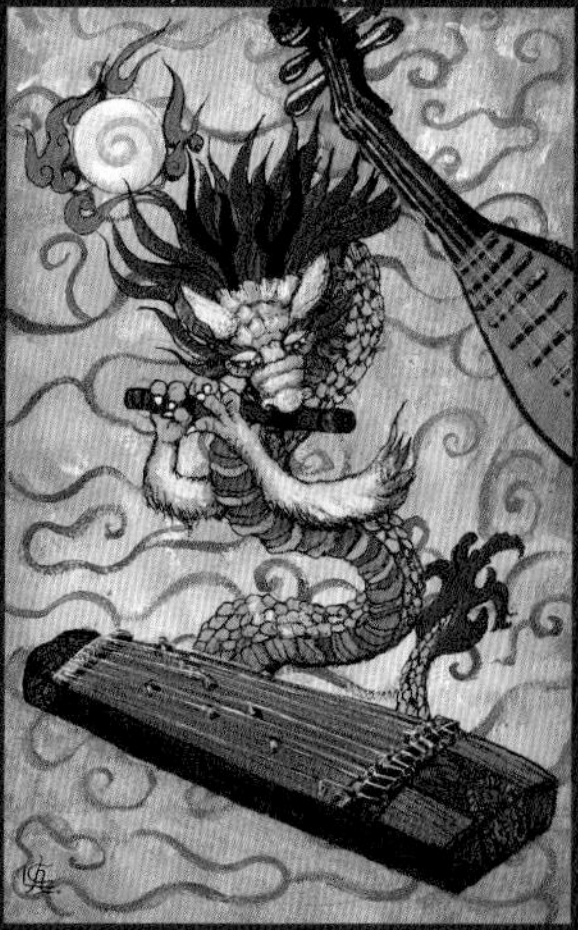

Shugyu

ミシン目にそってカッターなどで
切り取りご使用ください。

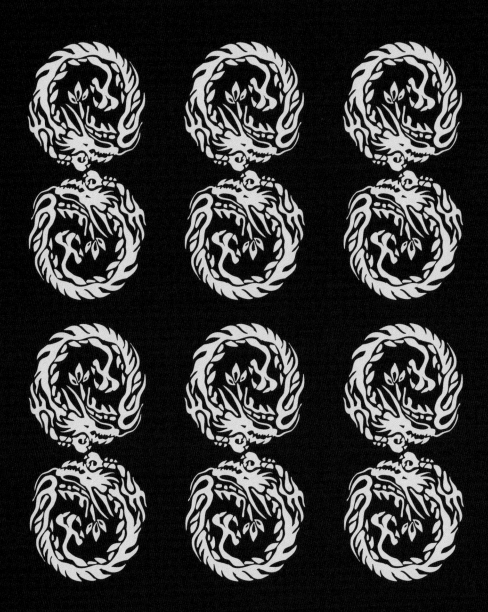

贔屓

Hiki

狻猊

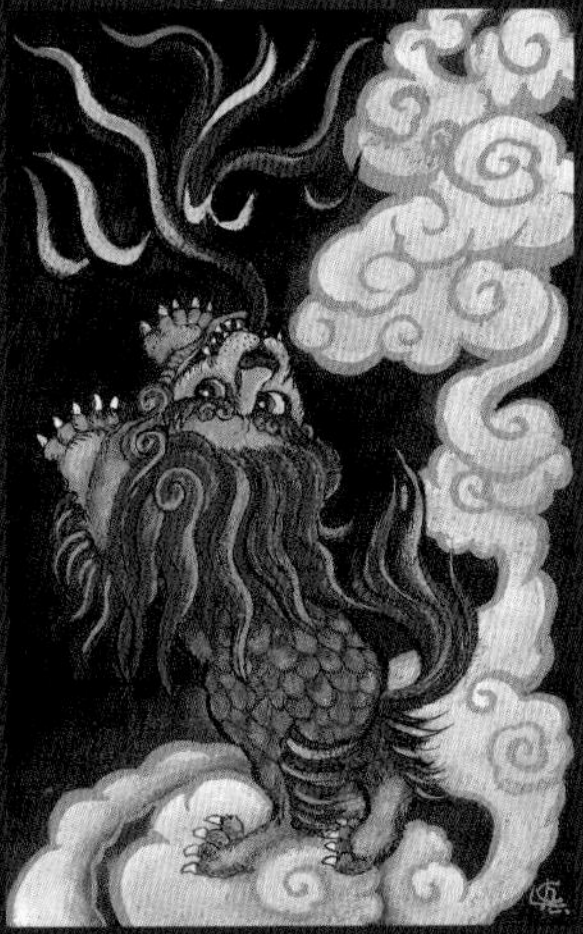

Sangei

蒲牢

Horou

螭吻

Chifun

負屓

Fuki

狴犴

Heigan

ミシン目にそってカッターなどで
切り取りご使用ください。

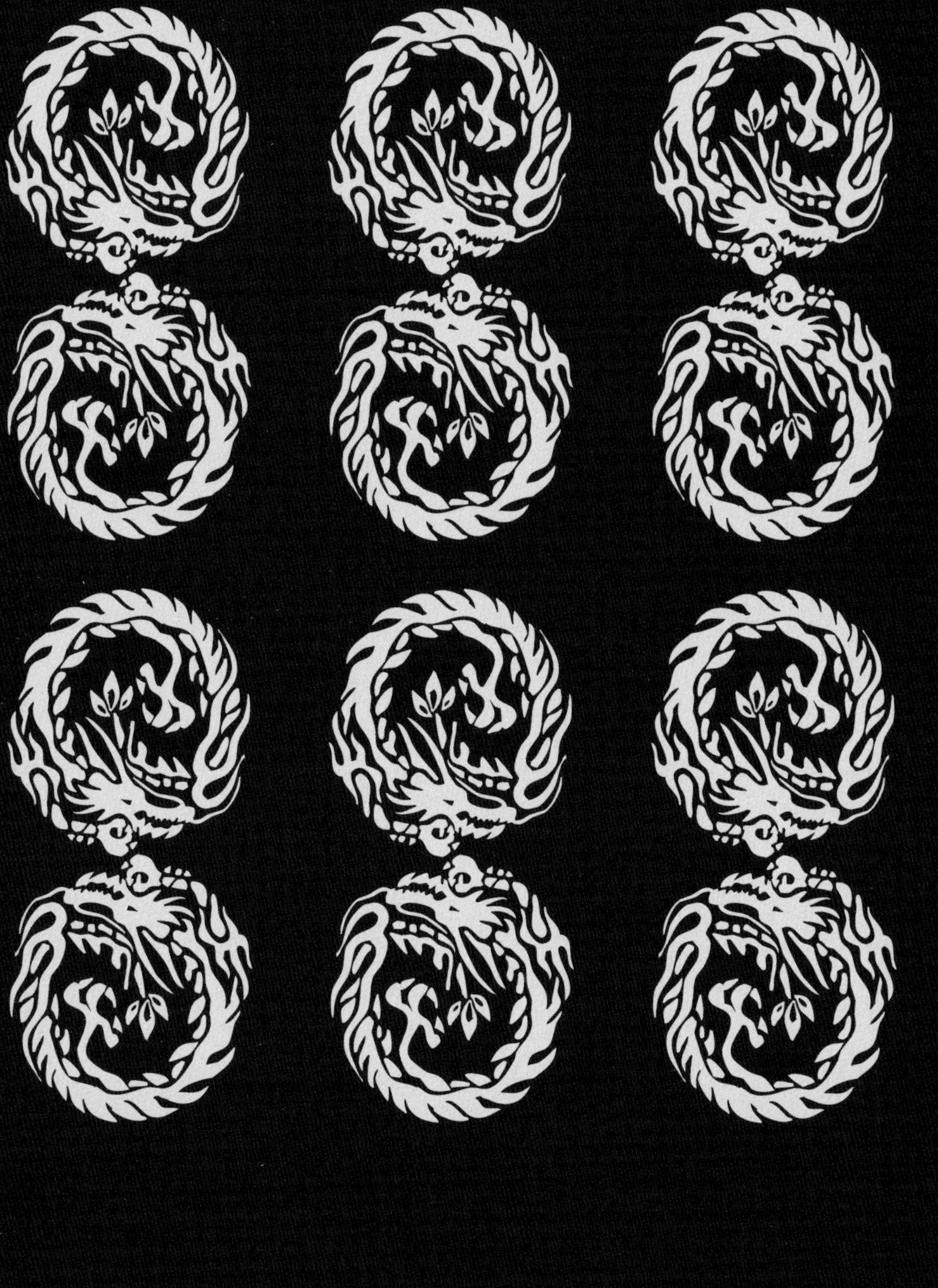

龍神界

Ryujin Kai

ミシン目にそってカッターなどで
切り取りご使用ください。

ポストカードの大きさは 14cm×9cm で

POST CARD